T0049085

JOHN P. STRELECKY

UN CAFÉ EN EL FIN DEL MUNDO

Una historia sobre
el sentido de la vida

Traducción de Elena Martí i Segarra

Duomo ediciones

Barcelona, 2020

Título original: *The Cafe on the Edge of the World*

© 2003, John P. Strelecky
© de la traducción, 2020 por Elena Martí i Segarra
© de esta edición, 2020 por Antonio Vallardi Editore S.u.r.l., Milán

Todos los derechos reservados

Primera edición: septiembre de 2020
Segunda edición: enero de 2023

Duomo ediciones es un sello de Antonio Vallardi Editore S.u.r.l.
Av. Riera de les Cassoles, 20. 3.º B. Barcelona, 08012 (España)
www.duomoediciones.com

Gruppo Editoriale Mauri Spagnol S.p.A.
www.maurispagnol.it

DL B 11.202-2020
ISBN: 978-84-18128-14-1
Código IBIC: DN

Composición:
David Pablo

Impresión:
Grafica Veneta S.p.A. di Trebaseleghe (PD)

Impreso en Italia

Queda rigurosamente prohibida, sin la autorización por escrito
de los titulares del copyright, la reproducción total o parcial de esta obra
por cualquier medio o procedimiento mecánico, telepático o electrónico
–incluyendo las fotocopias y la difusión a través de internet– y la distribución
de ejemplares de este libro mediante alquiler o préstamos públicos.

Para Casey, Mike y Anne

PREFACIO

A veces, cuando menos te lo esperas, y quizá cuando más lo necesitas, descubres que estás en un lugar nuevo, rodeado de gente desconocida, y eso te hace aprender cosas nuevas. A mí me ocurrió una noche, en un tramo de carretera oscuro y solitario. Pensándolo ahora, me doy cuenta de que mi situación en aquel momento era el reflejo de la vida que llevaba entonces. Estaba perdido en la carretera, igual que en la vida, sin saber exactamente hacia dónde iba o por qué me movía en esa dirección.

Me había tomado una semana de vacaciones. Quería alejarme de todo lo que tuviera relación con el trabajo. No es que mi trabajo fuera espantoso, aunque claro está que tenía sus aspectos frustrantes. Más bien fue el hecho de darme cuenta de que casi cada día me preguntaba a mí mismo si no se suponía que la vida era algo más que pasarse de diez a doce horas encerrado en un cubículo, trabajando para conseguir un ascenso que, seguramente, significaría pasarse de doce a catorce horas trabajando en una oficina más grande.

Durante la época del instituto, estuve estudiando para entrar en la universidad; en la universidad, estuve estudiando con el objetivo de entrar en el mercado laboral; desde que empecé a trabajar, había estado esforzándome para escalar posiciones en la empresa donde trabajaba. Y ahora, me estaba planteando si la gente que me había ayudado a seguir por ese camino no me habría estado repitiendo simplemente aquello que alguien les repitió a ellos alguna vez.

Supongo que, en realidad, tampoco había sido un mal consejo, pero por alguna razón no acababa de convencerme. Tenía la sensación de haber hipotecado mi vida a cambio de dinero, y la verdad es que no me parecía estar haciendo un buen negocio. Este era el estado de confusión mental en que me encontraba cuando llegué a una cafetería llamada *Un café en el fin del mundo*.

Al explicar esta historia a otras personas, me he fijado en que utilizaban términos como «místico», o «típico de *En los límites de la realidad*». Esto último en referencia a una antigua serie de televisión en la que la gente aparecía en sitios aparentemente normales, pero que al final no lo eran tanto. A veces, solo por un instante, me pregunto si aquella experiencia fue real. Y cuando esto me ocurre, voy enseguida a casa, abro el cajón de mi escritorio, y leo la dedicatoria escrita en la carta que Casey me regaló. Entonces recuerdo lo real que fue todo.

Nunca he intentado rehacer mis pasos y encontrar de nuevo el café. Una pequeña parte dentro de mí aún se empeña en creer que, por muy reales que fueran los hechos de aquella noche, incluso si pudiera regresar al lugar exacto en el que encontré la cafetería por primera vez, esta ya no estaría allí. Y que el único motivo por el cual la encontré fue que, aquella noche, en aquel momento, necesitaba encontrarla; existía solamente por eso.

Quizá algún día intentaré volver. O puede que alguna noche simplemente vuelva a encontrarme ante su puerta. Entonces entraré, y les explicaré a Casey, Mike y Anne, si todavía están allí, cómo cambió mi vida aquella noche en el café. Les contaré que las profundas cuestiones que me plantearon han derivado en una serie de reflexiones y descubrimientos que han ido mucho más allá de lo que habría podido imaginar hasta ese momento.

Quién sabe, tal vez esa noche la pasaré hablando con alguien que también se haya perdido y haya ido a parar al café. O quizá puede que escriba un libro relatando mi experiencia, y que esa sea, en parte, mi manera de contribuir a todo lo que el café significa.

I

Estaba circulando por una carretera nacional a una velocidad tan reducida que, en comparación, ir a pie era como estar participando en una carrera de bólidos. Tras conducir una hora a paso de tortuga, el tráfico se detuvo por completo. Encendí la radio e intenté encontrar alguna señal de vida inteligente. No se podía escuchar nada.

Al cabo de veinte minutos sin que nadie se moviera ni un milímetro, vi que la gente empezaba a salir de los coches. Evidentemente no servía de nada, pero al menos ahora todos nos podíamos quejar y hablar con alguien afuera de nuestro propio vehículo. Un cambio para variar.

El propietario de la furgoneta que tenía delante no paraba de repetir que iban a anularle la reserva de hotel si no llegaba antes de las seis. La mujer del descapotable de mi izquierda se quejaba indignada a alguien a través del móvil sobre la ineficacia de la red de autopistas estatales. A mis espaldas, un coche cargado de jugadores de baloncesto adolescentes estaba a punto de volver loca a su acompañante. Casi podía oír los pensamientos de esa pobre chica: «es la última vez que me ofrezco voluntaria para nada». En definitiva, lo que me rodeaba era tan solo un pequeño fragmento de una larga hilera de descontento generalizado.

Finalmente, tras otros veinticinco minutos sin el más leve indicio de movimiento, apareció un coche de la policía por la mediana de la autopista. Se iba parando aproximadamente cada cincuenta metros, probablemente para informar a la gente de lo que estaba pasando.

«Por el bien de esos agentes», pensé, «espero que lleven un equipo antidisturbios».

Nos mantuvimos todos a la expectativa, ansiosos de que llegara nuestro turno. Cuando finalmente la agente llegó a nuestro tramo de carretera, nos informó de que un camión cisterna cargado de materiales potencialmente tóxicos había volcado unos siete kilómetros más adelante, y por eso habían prohibido terminantemente circular por la autopista. Nos dijo que teníamos dos opciones, o bien dar la vuelta e intentar seguir por alguna carretera alternativa, aunque en realidad no había otra ruta, o bien esperar a que los servicios de limpieza terminasen su trabajo; lo cual, posiblemente, se demoraría otra hora.

Después de esto, la agente avanzó hacia el siguiente grupo de conductores desconsolados. Me quedé un rato observándola. Cuando oí quejarse de nuevo al tipo de la furgoneta sobre su reserva de las seis de la tarde, decidí que mi paciencia se había agotado.

«¿Por qué siempre tienen que pasarme cosas de este estilo justamente cuando quiero escapar por un tiempo de mi rutina...?», murmuré.

Les expliqué a mis nuevos amigos, amigos en el sentido de amigos de la infancia, es decir, cuya relación se basa principalmente en la proximidad, que aquella situación había rebasado mi límite de frustración y que iba a intentar continuar por otro camino. Tras un último comentario acerca de su reserva de las seis, el propietario de la furgoneta hizo cuatro maniobras para dejarme pasar, y crucé la mediana. A continuación, proseguí en la dirección opuesta.

2

Desbloqueé el teléfono móvil y abrí una aplicación de mapas. «Error. Se ha producido un error de red desconocido». Eso era todo lo que aparecía en la pantalla.

A medida que avanzaba hacia el sur, sabiendo que debería estar dirigiéndome hacia el norte, mi frustración iba en aumento. Recorrí unos ocho kilómetros sin ver ninguna salida, luego quince, veinte, treinta, y no encontré forma alguna de poder salir de la carretera.

«De hecho, el día que encuentre una salida ya no importará demasiado, puesto que no tengo la más remota idea de cómo llegar a donde quiero ir», me dije a mí mismo en voz alta, cosa que hizo evidente mi deteriorado estado mental.

Finalmente, en el kilómetro treinta y siete, apareció una salida.

«Esto es totalmente inaudito», pensé para mis adentros mientras llegaba al final del carril de salida. «Debo de estar en el único sitio del planeta donde, en un cruce de carreteras, no hay ninguna estación de servicio, ningún restaurante, ni siquiera un merendero o algo por el estilo.» Miré a mi izquierda. No había nada. A mi derecha el panorama era igual de halagüeño.

«Bien», me dije, «por lo visto no importa demasiado hacia dónde me dirija».

Giré a la derecha y mentalmente calculé que me dirigía hacia el oeste. En la próxima intersección debería volver a girar a la derecha, y entonces al menos estaría yendo hacia el norte. La carretera era de dos carriles, uno me devolvía al cruce y el otro se alejaba en dirección contraria. La verdad es que no estaba seguro de por dónde continuar. Apenas circulaban coches. Y los indicios de algún tipo de civilización en los alrededores aún eran más escasos. Vi una casa aislada, algunas granjas, y luego tan solo bosques y pastizales.

Una hora más tarde estaba oficialmente perdido. Los únicos cruces que había encontrado eran pequeños, y estaban marcados con ese tipo de señales que te indican de inmediato que lo tienes mal. Cuando has recorrido sesenta kilómetros sin ver a ningún otro ser humano, y la carretera por la cual circulas se llama «antigua carretera de», como la Antigua Ruta 65, puede decirse que tu situación es ciertamente desoladora.

En la siguiente intersección, que, de hecho, no era mucho mayor que el resto, giré a la derecha. Fue un acto de desesperación. Al menos estaría dirigiéndome hacia la dirección magnética correcta, aunque no tuviera ni la más remota idea de dónde me encontraba. Y, para colmo, el nombre de esta carretera también empezaba por «antigua».

3

Eran casi las ocho de la tarde y el sol empezaba a ponerse en el horizonte. A medida que el día iba extinguiéndose, mi estado de frustración continuaba en ascenso.

—Debí haberme quedado en la autopista —exclamé irritado—. ¡Antes estaba cabreado por haber perdido una hora, y ahora ya he perdido dos, y todavía no tengo ni pajolera idea de dónde estoy!

Pegué un puñetazo al techo del coche, como si el pobre tuviera la culpa de lo que me estaba pasando, o como si eso sirviera de algo.

Quince, veinte, veinticinco kilómetros más, y todavía nada de nada. Me quedaba menos de medio depósito de gasolina, lo que significaba que, por lo que sabía, dar la vuelta ya no era una opción viable. El combustible no me alcanzaría para llegar al sitio de partida, eso suponiendo que supiera cómo hacerlo. Y si lo supiera, tampoco había una sola estación de servicio en toda la carretera.

Mi única alternativa era seguir adelante, con la esperanza de encontrar pronto algún sitio para repostar y comer algo. El indicador de mi nivel de frustración seguía moviéndose en dirección contraria al indicador de mis reservas de gasolina.

Había planificado este viaje precisamente para evitar ese sentimiento de frustración. En casa, con el trabajo, las facturas y la rutina diaria en general, ya tenía suficiente. Aquí no me hacía ninguna falta. Se suponía que gracias a esta excursión podría relajarme y «cargar las pilas».

«Qué expresión tan curiosa», pensé entonces: «cargar las pilas». Quemarse, cargar las pilas, volver a quemarse, cargar otra vez las pilas... ¿No es un auténtico círculo vicioso?

El sol se había puesto totalmente, invisible ya tras la línea que formaban los árboles a lo lejos; poco a poco el crepúsculo iba cerniéndose sobre el paisaje. Las nubes, jaspeadas de tonos rosados y anaranjados, reflejaban las últimas luces del día. Sin embargo, yo apenas pude fijarme en aquel cielo, absorto como estaba en la conducción y en el empeoramiento de mi situación. Continuaba sin ver ni rastro de gente.

Di un vistazo de nuevo al indicador del combustible. «Menos de un cuarto de depósito, y bajando», dije en voz alta.

La última vez que había dormido en el coche fue un día que volvía del instituto. Hacía muchos años de aquello, y no tenía intención de repetir la experiencia. Pero, por desgracia, todo parecía indicar que sería lo más probable.

«Necesitaré dormir», pensé, «si no, no tendré suficientes fuerzas para caminar en busca de ayuda cuando el coche se quede sin combustible».

4

Justo cuando el indicador de la gasolina empezó a descender por debajo de la línea roja, vi una luz. En un impulso, provocado por lo estúpido de mi situación, había decidido girar a la izquierda en un cruce que había encontrado unos kilómetros antes. Nada me hizo pensar que tomando esa dirección tendría más posibilidades de encontrar a alguien, pero lo hice de todos modos. Al menos aquella carretera no empezaba por la palabra «antigua»; esa había sido mi justificación en ese momento.

«Un acto de desesperación que seguramente valdrá la pena», me dije en voz alta.

A medida que me acercaba a la luz, pude comprobar que se trataba de una farola. Una farola aislada que iluminaba intensamente un lugar tan remoto que podríamos decir que se encontraba en medio del centro de ninguna parte.

«Por favor, que aquí haya algo», «por favor, que aquí haya algo», repetí a modo de mantra mientras recorría los casi cuatrocientos metros que me separaban de la farola. ¡Y vaya si había algo!

Al llegar allí, salí de la carretera y me metí en una especie de aparcamiento de tierra y grava. Para mi asombro, ante mí había un pequeño edificio, rectangular y de color blanco. El nombre del establecimiento estaba en el tejado, escrito en letras de neón azul claro: *Un café en el fin del mundo*. Más sorprendente aún era que fuera había otros tres coches aparcados.

Aquello me hizo pensar que, vinieran de donde vinieran, era del todo imposible que fuese del mismo sitio que yo, puesto que no había visto un alma, como mínimo, durante la última hora de mi peregrinaje. Ese hecho era posiblemente una buena señal. «Supongo que sabrán mejor que yo cómo salir de donde sea que estemos.»

Bajé del coche y estiré los brazos por encima de la cabeza; tenía el cuerpo totalmente agarrotado. Luego me encaminé hacia la entrada del café. A mi alrededor reinaba una oscuridad absoluta, excepto por una gran luna en fase creciente y por miles de estrellas. Al abrir la puerta, una serie de campanillas que colgaban en la parte interior anunciaron mi llegada.

Inmediatamente noté cómo me envolvía una cálida oleada de apetitosos aromas. Hasta entonces no me había dado cuenta de lo hambriento que estaba. No pude identificar exactamente qué era lo que desprendía aquel maravilloso olor, pero decidí que pediría tres raciones de aquello, fuera lo que fuera.

5

Dentro, el local parecía una clásica cafetería de carretera americana. Alineados junto a una larga y estrecha barra de bar, había una serie de altos taburetes cromados tapizados de color rojo vivo. De extremo a extremo, bajo las ventanas frontales, había una hilera de cabinas rojas, con una mesa en medio de cada una. Encima de las mesas había un azucarero de cristal, una pequeña jarra, que supuse que contenía leche para el café, y un par de recipientes a juego para la sal y la pimienta.

Cerca de la puerta de entrada, sobre una mesita baja, había una vieja caja registradora y, al lado, un perchero de madera. Enseguida me sentí perfectamente cómodo; era el típico local donde podías pasarte horas charlando con los amigos mientras tomabas algo. Por desgracia, yo había decidido venir solo.

Una camarera interrumpió su conversación con una pareja en una de las cabinas del fondo. Me sonrió y dijo:

–Los asientos son libres, aparca donde quieras.

La sangre aún me hervía a causa de toda la rabia y frustración que había ido acumulando durante las últimas cuatro horas; pero hice un esfuerzo por tranquilizarme y devolverle la sonrisa.

Escogí una cabina cerca de la puerta. Al deslizarme sobre aquel asiento de vinilo rojo, me llamó la atención su aspecto impecable, como recién estrenado. Miré a mi alrededor y me sorprendió que todo pareciera tan nuevo.

«No sé a quién debe pertenecer esto, pero sea quien sea debe de intuir que aquí se producirá un gran crecimiento urbanístico», pensé, «si no, no montaría un negocio como este en medio de la nada».

–¡Hola!

Una voz interrumpió mis profundas reflexiones acerca de la adquisición de terrenos a precios económicos y las posibilidades de edificar complejos urbanísticos. Se trataba de la camarera.

–¿Qué tal? Mi nombre es Casey.

–Hola, Casey. Soy John, y creo que estoy un poco perdido.

–Así es, John –me respondió con una sonrisa un poco pícara.

Por la forma en que lo dijo, no supe si estaba afirmando que mi nombre era John o que estaba perdido.

—¿Por qué estás aquí, John? —me preguntó de golpe.

—Pues, el hecho es que estaba de viaje y surgieron algunos problemas. Tuve que cambiar la ruta inicial, luego intenté rehacer el camino, y finalmente me perdí. Para colmo, durante el proceso casi me quedo con el depósito vacío, y me muero de hambre.

Cuando terminé de exponerle mi inventario de infortunios, Casey volvió a sonreírme con picardía.

—Te diré lo que vamos a hacer —me dijo—. Por lo que refiere a tu problema de inanición, estoy segura de que podremos ayudarte. Y por lo demás, ya veremos.

Casey cogió una carta del montón que había encima de la barra y me la dio. Alargué el brazo para cogerla, y no estoy seguro de si fue a causa de la luz, o de mi agotamiento por haber conducido tantas horas, pero hubiera jurado que las letras impresas sobre la carta desaparecían y volvían a aparecer de manera intermitente. «Debo de estar realmente cansado», pensé mientras dejaba la carta sobre la mesa.

Casey se sacó una pequeña libreta del bolsillo y se dispuso a apuntar mi pedido. Pero inmediatamente cambió de idea y sugirió:

–Si quieres, te traigo algo de beber y mientras tanto decides tranquilamente lo que vas a tomar.

Le pedí un vaso de agua fresca con limón, y enseguida se fue a la cocina a buscármelo.

Al parecer el día se estaba arreglando. La verdad es que aquello era mucho mejor de lo que esperaba. Primero, unas cuantas horas de carretera en medio de ninguna parte, después un bar-cafetería en los confines de ninguna parte, y ahora una camarera pizpireta. Cogí la carta de la mesa y me fijé en la portada.

En la parte superior de la página podía leerse: «Bienvenido a *Un café en el fin del mundo*». Y debajo, en letras negras y más pequeñas, decía: «Antes de pedir, por favor, consulte a nuestro personal acerca de cuál puede ser el significado de su estancia aquí».

«Espero que signifique poder comer algo bueno», pensé al abrir la primera página.

La carta contenía una lista con los típicos platos que se suelen servir en los bares. Los desayunos estaban en la parte superior izquierda; los sándwiches y bocadillos, abajo a la izquierda; los entrantes y las ensaladas, en la parte superior derecha, y los platos principales, al final de la página. Hasta aquí, todo normal. La sorpresa vino cuando le di la vuelta a la carta. En la contraportada, bajo el siguiente encabezamiento: *Temas para reflexionar mientras esperas*, había tres preguntas:

¿Por qué estás aquí?

¿Te da miedo la muerte?

¿Te sientes realizado?

«¡Vamos, como dar una ojeada a las páginas de deportes en el periódico!», me dije a mí mismo. Estaba a punto de releer las tres preguntas cuando llegó Casey con mi vaso de agua.

–¿Todo bien? –me preguntó.

Le di la vuelta a la carta y, señalando el nombre de la cafetería, le pregunté:

–¿Qué significa?

–Bueno, la verdad es que cada uno parece tener su propia interpretación –respondió–. ¿Qué vas a tomar? ¿Ya lo has decidido?

Aún no estaba preparado para pedir. Incluso se me pasó por la cabeza coger la chaqueta y marcharme, pero no lo hice. Definitivamente, había algo diferente en ese lugar, y no acababa de convencerme de que era diferente en un sentido positivo.

–Lo siento, Casey, me temo que necesitaré un poco más de tiempo.

–No te preocupes –repuso–. Tómate el tiempo que quieras, y dentro de un rato vengo a ver cómo andas. Y John –añadió con una sonrisa–: quédate tranquilo. Aquí estás en buenas manos.

6

Me quedé observándola mientras se alejaba. Se dirigió hacia la pareja que estaba en una de las cabinas, en el otro extremo del café. Cuando llegó, los tres empezaron a charlar. Fuera cual fuera el tema de conversación, debió de ser algo divertido, puesto que los tres hablaban muy animadamente y no paraban de reír.

«Puede que este sitio no esté tan mal al fin y al cabo», pensé. «Quizá debería probar algún plato de los que están tomando ellos.»

Volví a centrar mi atención en la carta de menús. «Además, no tengo alternativa», me dije a mí mismo. «Apenas me queda gasolina, no parece haber ningún otro sitio para comer en un radio de trescientos kilómetros a la redonda, y aunque este lugar sea un poco extraño, de momento no ha pasado nada realmente excepcional.»

Aquellas reflexiones calmaron un poco mi inquietud.

Y un segundo más tarde, cuando vi que Casey se encaminaba hacia la cocina después de haber tomado nota en otra mesa y regresaba con dos grandes trozos de pastel, mis dudas se disiparon por completo.

–Pastel de fresa y ruibarbo –comentó al pasar a mi lado y advertir que miraba los platos–. El mejor de la zona. No olvides pedirlo.

–Mmmm –contesté sorprendido.

Me encanta el pastel de fresa y ruibarbo, y la verdad es que habían pasado muchos años desde la última vez que lo había comido. Por eso pensé que, a lo mejor, el hecho de que en aquel sitio lo prepararan era una especie de señal para que me quedara un poco más.

Dejando de lado aquellos curiosos interrogantes, lo cierto es que todos los platos del menú tenían muy buena pinta. Me decidí por el desayuno especial, aunque la hora del desayuno hacía ya tiempo que había pasado. Casey estaba todavía hablando con la pareja de la cabina, así que, como ya había decidido lo que iba a tomar, le di la vuelta a la carta.

¿Por qué estás aquí?

La verdad es que no era muy normal preguntar algo así al cliente de un bar. Se supone que los propietarios ya deberían saber por qué va la gente a su establecimiento, ¿no? Y la gente que está comiendo allí, lo lógico es que también sepa por qué. Algo fallaba. Quizá yo no había entendido bien la pregunta.

¿Por qué estás aquí?

La presencia de Casey interrumpió el flujo de mis pensamientos.

–¿Ya lo tienes, John?

Estaba a punto de contestarle que sí, cuando recordé el mensaje escrito en la primera página de la carta, consultar con el personal antes de pedir.

–Creo que sí –dije, y a continuación señalé la nota–. ¿Qué es exactamente lo que tengo que consultarte?

–Ah, eso –me respondió de nuevo con una sonrisa.

Cada vez me gustaba más verla sonreír.

–Con los años, nos hemos dado cuenta de que la gente empieza a sentirse diferente después de haber pasado algún tiempo aquí –me dijo–. Por eso ahora intentamos que les sea más fácil vivir plenamente la experiencia del café. Compartimos con ellos una pequeña parte de lo que ellos esperan, por si aún no están totalmente preparados para asumir aquello que en un principio pensaron que podrían asumir.

En ese momento ya no sabía si estábamos hablando de comida, del nivel de satisfacción del cliente o de alguna otra cosa.

—Si quieres —prosiguió—, le comento al cocinero lo que has pedido y a ver qué opina.

—Me parece bien —le respondí, sintiéndome tan confundido como hacía unos minutos—. Quisiera tomar el desayuno especial. Ya sé que no es hora de desayunar, pero espero que no haya problema...

—¿Es eso lo que te apetece? —me preguntó.

—Sí.

—Entonces estoy segura de que no habrá problema. De hecho, estamos más cerca de la hora del desayuno de mañana que de la del almuerzo de hoy.

Eché un vistazo a mi reloj. Eran las diez y media de la noche.

—Una forma interesante de ver las cosas —añadí.

Casey sonrió.

—A veces ayuda mirar las cosas desde una perspectiva diferente.

7

Antes de que Casey llegara a la cocina, me fijé por primera vez en que había un hombre detrás de la barra. Sostenía un cucharón de madera en la mano y, obviamente, era la persona encargada de la cocina. Casey le comentó algo antes de entregarle la nota. Él dirigió la mirada hacia mí y, al ver que yo también le estaba mirando, me dedicó una sonrisa y me saludó con la mano.

Le devolví el saludo, aunque me sentí un poco ridículo. No tengo por costumbre saludar con la mano a los cocineros en los restaurantes. Casey y aquel hombre siguieron hablando un rato más, así que yo me concentré de nuevo en la carta.

Cuando estaba releyendo la primera pregunta, *¿Por qué estás aquí?*, Casey llegó y se sentó en la cabina, justo enfrente de mí.

–Ese es Mike –me explicó–. Es el propietario del local y, además, se encarga de preparar toda la comida. Me ha comentado que, en cuanto tenga un momento, vendrá a conocerte. Le he preguntado qué le parecía lo que habías pedido, y me ha dicho que es mucho, pero que cree que podrás con todo.

–Vaya, ¡qué servicio!

–Nos gusta hacerlo así –respondió sonriente–. Y volviendo a esto –dijo señalando con el dedo el mensaje de la carta sobre consultar al personal–, se refiere a la pregunta de la contraportada que no paras de leer.

«¿Cómo sabía que había estado todo ese rato leyendo la pregunta?» Me sorprendió, pero no dije nada.

–Verás, una cosa es leer una pregunta. Y otra muy distinta es cambiarla.

–Creo que no te entiendo.

–Parece sencillo, como si no fuera a tener efecto –explicó–, pero si modificas un poco las letras de esa pregunta, las cosas cambian.

–¿Las cosas cambian? ¿Qué tipo de cosas? ¿Que no podré comer aquí, por ejemplo, o que tendré que pedir algo diferente?

–No –me respondió, de repente mucho más seria–. Se trata de cambios más importantes.

Sin duda alguna, yo no estaba entendiendo nada, pero era obvio que ella no bromeaba.

–¿Qué quieres decir?

Casey señaló nuevamente la carta.

–Si en lugar de hacer la pregunta a cualquier otra persona, te la haces a ti mismo, ya no volverás a ser el mismo.

Me quede atónito. «¿No volveré a ser el mismo? ¿Qué significa eso? ¿Qué tipo de sitio es este?» De pronto, me sentí como si estuviera al borde de un inmenso precipicio, y no estaba seguro de si ella me estaba intentando explicar que dar un paso en una dirección concreta me llevaría a una muerte inmediata o a la felicidad eterna.

–Pues, más o menos, es algo así –dijo ella con una sonrisa–. Aunque no tan drástico.

Antes de que pudiera preguntarle cómo podía saber lo que estaba pensando, ella se me adelantó.

–Deja que te lo enseñe sin que tengas que dar el paso. Lee la primera pregunta de la carta, pero hazlo sin implicarte, como si estuvieras dando una ojeada a los titulares de un periódico.

Miré de nuevo la carta. Para mi sorpresa, la pregunta ya no era:

¿Por qué estás aquí?

sino que ahora decía:

Sin embargo, inmediatamente después de haberla leído, la pregunta se transformó otra vez en: *¿Por qué estás aquí?*

–¿Qué ha ocurrido? –exclamé–. ¿La carta ha cambiado? ¿Cómo lo has hecho, Casey? ¿Cómo has podido transformar la pregunta?

–John, creo que todavía no estás preparado para la respuesta.

–¿Qué quieres decir? Dime. Pero ¿cómo lo hiciste? ¿Cómo conseguiste que la carta cambiara?

En aquellos momentos mi desconcierto era absoluto y la verdad es que no estaba seguro de querer quedarme para averiguar qué era lo que estaba sucediendo. Casey volvió a captar mi atención con otra pregunta.

–John, ¿te has fijado bien en cómo ha cambiado el texto de la carta?

–Por supuesto. Decía una cosa cuando la leí por primera vez y luego cambió a lo que pone ahora. ¿Por qué? ¿Qué ha pasado?

Casey le dio la vuelta a la carta y señaló el mensaje en la parte inferior de la portada, allí donde decía: «*Antes de pedir...*».

—Escucha, John; te lo voy a explicar –me dijo–. La pregunta que viste, la que al principio era diferente...

—La que decía: *¿Por qué estoy aquí?* –interrumpí.

—Exacto. Pues es una pregunta que no debes tomarte a la ligera. Una cosa es leerla por encima y otra muy distinta es entenderla de verdad y preguntártela a ti mismo. Es a partir de entonces que todo tu mundo cambia. Ya sé que suena muy radical, por eso decidimos incluir el mensaje de la portada.

8

No salía de mi asombro, aquella situación me parecía del todo absurda. Estaba en una cafetería, en plena noche, en medio de ninguna parte, leyendo mensajes escritos en las portadas de los menús para ayudar a los clientes a asumir el vuelco que iban a dar sus vidas. En fin, no era precisamente la manera más habitual de empezar unas vacaciones. ¡Qué poco me imaginaba entonces que aquello era solo el principio de lo que me esperaba esa noche!

–Verás –prosiguió Casey–, una vez te has planteado la pregunta, buscar la respuesta formará parte de ti. Descubrirás que será la primera cosa que te vendrá a la cabeza por la mañana, cuando te levantes; y que pensarás en ella constantemente a lo largo del día. Y también por la noche, mientras duermas, incluso aunque te parezca que no te acuerdas de ella. De alguna manera, la pregunta es como una puerta. Y una vez la has abierto, te invita a entrar.

La miré a los ojos.

—¿Una puerta? —vacilé.

Casey asintió y su voz ganó intensidad de nuevo.

—Y una vez abierta, es muy difícil de cerrar.

Me recliné en el asiento, tratando de procesar una mínima porción de todo lo que me estaba diciendo. Puertas, partes de mi ser, voces que invitan a entrar... No tenía ni idea de qué estaba hablando.

Ahora estaba empezando a intuir que el significado de la pregunta *¿Por qué estás aquí?* era mucho más profundo de lo que había creído al principio. Las explicaciones de Casey me hicieron ver claramente que la pregunta no se refería simplemente al hecho de estar físicamente allí.

—Efectivamente —afirmó Casey, interrumpiendo mis reflexiones—. No se trata del café, sino de por qué alguien está en este mundo, de cuál es la razón de su existencia.

Me eché hacia atrás en mi asiento, me sentía aturdido. «Pero ¿qué clase de sitio es este?», me preguntaba.

Miré a Casey.

—Escucha, Casey, yo solo he venido aquí a comer algo. Eso es todo.

—¿Estás seguro? —preguntó.

–Sí, estoy seguro –respondí lentamente.

Ella se limitó a asentir.

–Además –dije, tratando de llenar aquel silencio incómodo–, todo esto me parece de muy mal agüero. Si lo que acabas de decir sobre la puerta, y sobre la pregunta viniendo a tu mente cada dos por tres, es cierto, ¿por qué iba a querer nadie atormentarse así? Yo nunca me he hecho esa pregunta y estoy bien.

Casey puso la carta encima de la mesa.

–¿Estás seguro? –me dijo–. ¿De verdad estás *bien?*

Pronunció la palabra «bien» de un modo un poco burlón, pero con simpatía; como desafiándome a definir su significado.

–Mucha gente está *bien*. Pero hay personas que no se conforman con eso, sino que buscan algo más satisfactorio, más profundo, que estar simplemente *bien*.

–Y entonces vienen a esta cafetería, ¿no? –comenté con cierto sarcasmo.

–Algunas de ellas, sí –dijo Casey, en un tono de voz muy suave, muy calmado–. ¿Es por eso que tú estás aquí?

Me dejó totalmente fuera de juego. No sabía cómo responder a su pregunta. No estaba seguro de lo que estaba haciendo allí. Ni siquiera estaba seguro de lo que era en realidad aquella cafetería.

Para ser honesto conmigo mismo, debería confesar que durante años me había cuestionado si la vida no era algo más de lo que yo ya conocía. No es que mi vida estuviera mal. Por supuesto que tenía mis momentos de frustración, sobre todo últimamente, pero en general tenía un buen trabajo y buenos amigos. Mi vida estaba *bien*, incluso bastante bien. Sin embargo, muy en el fondo, albergaba ese sentimiento que no sabía cómo explicar.

–Precisamente ese sentimiento es lo que induce a la gente a hacerse la pregunta que viste –declaró Casey con contundencia.

Estaba estupefacto. No solo porque parecía haberme leído otra vez el pensamiento, lo que en sí ya era muy desconcertante, sino porque me di cuenta de que probablemente tenía razón. Tomé aliento. De nuevo, me invadió aquella sensación de estar al borde de un acantilado. Algo en mi interior me decía que tenía que probar a lanzarme.

–Casey, ¿puedes decirme algo más sobre la pregunta?

9

Casey sonrió y asintió lentamente.

–Bueno, pues como te he comentado, cuando alguien se plantea la pregunta se le abre una puerta, por así decirlo. La mente de aquella persona, su alma, o como quiera que tú lo llames, querrá encontrar una respuesta. Por eso, desde ese momento y hasta que la encuentre, tendrá la pregunta muy presente cada minuto de su existencia.

–¿Estás diciendo que, cuando alguien se ha hecho la pregunta *¿Por qué estoy aquí?*, ya no podrá ignorarla? –le pregunté alarmado.

–No, no significa que no pueda hacerlo. Hay gente que da un vistazo a la carta, incluso ve la pregunta, pero luego se olvida de ella inmediatamente. En cambio, para aquellas personas que se la plantean de verdad, y que hasta cierto punto quieren averiguar la respuesta, ignorarla será casi imposible.

–Supongamos que alguien se hace la pregunta, reflexiona y encuentra la respuesta. ¿Qué ocurre entonces? –pregunté.

–Pues ahí está el *quid* de la cuestión –contestó, y luego sonrió–. Lo que ocurre es algo muy bueno, pero que a la vez supone un gran reto. Como decíamos antes, el hecho de plantearse la pregunta crea la necesidad urgente de encontrar una respuesta. Y una vez se ha encontrado la respuesta, surge otro deseo igual de intenso. Cuando alguien sabe por qué está aquí, por qué existe, cuál es su proyecto en la vida, lógicamente quiere vivir conforme a ese ideal, quiere dedicarse a aquello que da sentido a su existencia. Es como saber dónde está la X en un mapa del tesoro; una vez lo has localizado, es mucho más difícil ignorar que existe, cuesta mucho más no salir a buscarlo. En nuestro caso, cuando alguien ha descubierto por qué está en este mundo, le será más duro emocionalmente, e incluso físicamente, no actuar de acuerdo con ese porqué, no intentar realizar su proyecto de vida.

Me recliné de nuevo en el respaldo de la silla e intenté digerir todo lo que Cascy me estaba explicando.

–¿Ves? De hecho, esto podría empeorar las cosas –repliqué–. Como te decía antes, puede que haya gente que esté mejor sin plantearse la pregunta. Simplemente continuarán como hasta ahora, y dejarán al genio dentro de la lámpara, por así decirlo.

Casey me miró.

–Hay gente que prefiere no hacerse preguntas. Esto es algo que cada cual debe decidir por sí mismo.

No sabía qué hacer ni qué decir, ni tan siquiera qué pensar.

–Cuesta mucho enfrentarse a tanta información –dije.

–Espero que no sea «enfrentarse a», sino más bien «verse expuesto a» –repuso Casey–. Respecto al sentimiento que has descrito antes, no se trata de algo que te puedan decir o dictar desde fuera; y si en algún momento decides abandonar, alejarte de él, la decisión será exclusivamente tuya y de nadie más.

Tras decir esto, se levantó de la mesa.

–Hablando de «alejarse», voy a ver qué tal va tu desayuno especial.

Me había olvidado por completo del tema de la comida. Sin embargo, ahora que ella me lo recordaba, volví poco a poco a situarme: me encontraba en una cafetería, y estaba muerto de hambre.

10

La cabeza me daba vueltas. Dirigí la mirada hacia la carta y releí la primera pregunta.

¿Por qué estás aquí?

Ahora había adquirido un significado completamente distinto, en comparación con la primera vez que la leí. Traté de recordar las palabras exactas de Casey sobre el sentido real de la pregunta... «por qué alguien está en este mundo, cuál es la razón de su existencia».

En cierta manera, sentía que algo me empujaba a hacerme la pregunta que había leído superficialmente en la carta, mientras hablaba con Casey. La recordaba claramente. Y también me acordaba de los interrogantes que podrían derivarse del hecho de plantearse la pregunta.

«Esto es de locos —me dije a mí mismo, frotándome los ojos—. Lo único que necesito es comer algo, un poco de gasolina, y un sitio donde pasar la noche. Entonces, ¿qué estoy haciendo pensando en estas otras cosas?».

Bebí medio vaso de agua, y al dejar el vaso sobre la mesa, me di cuenta de que Mike estaba junto a mí, con una jarra en la mano.

—¿Quieres un poco más de agua? —me preguntó—. Parece que tienes sed.

El vaso casi se me había caído a causa de la sorpresa. ¡Un segundo antes, no había nadie a mi lado! Conseguí recuperarme un poco del susto y le contesté:

—Sí, claro.

—Mi nombre es Mike —se presentó mientras me llenaba el vaso.

Asentí, tratando de recomponerme. «¿Cómo había llegado hasta mi mesa sin que me diera cuenta?».

—Encantado de conocerte, Mike. Soy John.

Mike sonrió.

Me puse en pie y nos estrechamos la mano.

—¿Va todo bien, John? Te he visto muy concentrado hace un momento, al pasar por aquí.

—Sí, supongo que estaba absorto en mis pensamientos —le contesté, volviéndome a sentar—. Casey me ha estado explicando lo que significa el mensaje escrito en la portada del menú. Todavía estoy intentando aclararme y ver si significa algo para mí.

Nada más pronunciar aquellas palabras, me di cuenta de lo raro que habían sonado. Mike no pareció sorprenderse y asintió.

–Sí, es una pregunta difícil. La gente se la plantea en momentos muy distintos de su vida. Hay personas que encuentran la respuesta ya durante la infancia, cuando aún son niños; otros, más tarde, al llegar a adultos; y hay gente que nunca la encuentra. Es curioso.

Mike tenía una presencia tranquilizadora. Me pareció una persona que había dado la vuelta al mundo varias veces y que había ganado una importante sabiduría con ello. Era extraño tener aquella sensación nada más conocerle. Pero, pensándolo bien, todo allí era extraño.

Dudé un momento hacia dónde conducir la conversación.

Mike se inclinó y dio la vuelta a la carta. Sonrió.

–¿Y qué tal va con esto?

–Ah, bueno... –respondí dubitativo.

–Pero ¿tienes preguntas? –inquirió.

Vacilé durante unos instantes. «¿Y qué más da? –pensé–. Voy a preguntarle».

–Mike, Casey me contó algunas de las consecuencias que podría tener el hecho de hacerse esta pregunta en clave personal –le dije señalando la primera pregunta de la carta.

Asintió, al parecer imperturbable ante la dirección que tomaba nuestra conversación.

–¿Y?

–Y supongo que una parte de mí se pregunta qué hace la gente después.

–¿Te refieres a qué hacen después de plantearse la pregunta o después de haber encontrado la respuesta?

Me quedé en silencio durante unos segundos mientras pensaba con detenimiento mi respuesta.

–A ambas cosas, supongo. Lo cierto es que no hemos hablado detalladamente de cómo cada uno encuentra la respuesta o de qué es lo que hace en cuanto la sabe.

Mike asintió de nuevo.

–A ver, por lo que se refiere concretamente a cómo averiguar la respuesta, no creo que haya una forma o un proceso válido para todos. Cada uno de nosotros tenemos nuestra propia manera de enfocar la vida. –Hizo una pausa–. Lo que sí puedo decirte, por ejemplo, son algunas de las cosas que he observado en las personas que conozco que han encontrado su respuesta.

Estuve a punto de contestarle enseguida, pero me contuve y reflexioné un momento. Tenía el presentimiento de que si profundizaba más en cómo descubrir la respuesta, me resultaría aún más difícil no plantearme la pregunta.

–Así es –dijo Mike–. Seguramente Casey te comentó lo mismo.

«Genial –pensé–, al parecer, también él puede leer la mente».

No estaba seguro de querer saber lo que habían hecho otras personas. Al fin y al cabo, todavía no estaba seguro de querer hacerme la pregunta.

–Mike, ¿y qué hay del otro tema? ¿Qué hace la gente al encontrar la respuesta?

Mike sonrió y me contestó:

–Te diré lo que haremos. Primero iré a la cocina a ver cómo va tu desayuno, y cuando vuelva, responderé a tu pregunta.

–¿Todo esto es para mí? –pregunté, intentando recordar dónde estaban en el menú los dos párrafos que describían el desayuno especial, y que yo, obviamente, había olvidado leer.

Mike asintió.

–¡Por supuesto! Aquí tienes un desayuno completo: una tortilla francesa, tostadas, jamón, beicon, fruta fresca, patatas fritas con cebolla, galletas y una ración de crepes.

Di una ojeada a mi alrededor por si había tres o cuatro personas más interesadas en acompañarme.

Él señaló un grupo de envases y tarros pequeños a un lado sobre la bandeja.

–Además, también tenemos mermelada para las tostadas, sirope para las crepes, miel para las galletas y nuestra salsa de tomate especial para la tortilla. Me alegro de que tengas hambre.

–Dudo que alguien pueda tener «tanta» hambre... –respondí, mirando toda aquella comida.

Mike sonrió de nuevo y se encogió de hombros.

–Pues te aseguro que te sorprenderías, John. A veces no sabemos hasta qué punto necesitamos algo que «nos llene».

Mike empezó a descargar la bandeja, dejando su contenido sobre la mesa y después me miró.

–John, ahora tengo que ir a hablar un rato con la pareja de la cabina, al otro lado del café. Pero luego vendré otra vez y, si te parece, continuaremos con nuestra conversación.

–Me parece perfecto –le contesté mientras observaba la ingente cantidad de comida que tenía
ante mí.

11

Había hecho progresos considerables con la tortilla, las tostadas y la fruta, cuando Casey se acercó a mi mesa.

–¿Cómo te va, John?

Me permití acabar de masticar antes de responder.

–Muy bien, me va de maravilla. Esta comida es excelente.

–Te veo mucho más animado.

Y es que, sin duda, estaba mucho más animado. Aquella sensación de rabia y frustración que tanto me agobiaba al entrar en la cafetería había desaparecido casi por completo.

–¿Prefieres acabar de comer solo o quieres compañía? –me preguntó Casey.

–Compañía, por supuesto. –Hice una pausa y después continué, no sin cierta duda–: De hecho, quisiera continuar con lo que hablábamos hace un rato. Aún estoy un poco confundido.

Casey esbozó una sonrisa y se deslizó en el asiento frente a mí.

–De acuerdo.

Tomé el menú al otro extremo de la mesa y lo puse frente a nosotros.

–Bueno, tengo varias preguntas sobre esto... –dije, señalando la carta–. Cuando alguien decide plantearse por qué está aquí, y de alguna manera encuentra cuál es la razón de su existencia, ¿qué hace luego?

Casey se quedó callada un momento.

–En primer lugar, puede hacer lo que le apetezca. Lo ha descubierto y le pertenece. Por tanto, depende únicamente de él o de ella decidir qué hacer con su tesoro –dijo mirándome–. ¿Qué crees que deberían hacer?

Reflexioné durante unos instantes instantes sobre sus palabras.

–Supongo que quienes han descubierto por qué están aquí enseguida querrán saber cómo vivir dando respuesta a ese porqué. Y mi pregunta es, ¿cómo lo consiguen?

Miré a Casey y tuve la impresión de que ella sabía algo, pero que esperaba a que yo lo descubriera por mí mismo.

–Es algo muy personal.

—¿Qué tal una pista?

—Quizá te lo podría explicar con un ejemplo —respondió ella—. Imaginemos que quieres convertirte en artista en tu tiempo libre, ¿qué tipo de arte crearías?

Me quedé pensando unos segundos.

—No lo sé. Supongo que eso dependería del tipo de artista en que me quisiera convertir. En todo caso, intuyo que crearía lo que quisiera.

Callé y esperé su respuesta. Casey no dijo nada, así que continué dando vueltas a mi respuesta.

—¿Es así de sencillo? —pregunté—. ¿Cuando la gente descubre por qué está en este mundo, entonces hace simplemente aquello que quiere hacer, aquello que da sentido a su vida?

Mientras hacía la pregunta, sentí que una cascada de emociones recorría todo mi cuerpo. Fue como si acabara de descubrir algo único, algo muy importante, y como si todo mi cuerpo me lo estuviera confirmando. Pero parecía tan elemental, quizá demasiado elemental para ser correcto. *Haz aquello que da sentido a tu existencia.*

—Así que si, por ejemplo, la razón por la cual estoy aquí es para ayudar a los demás, ¿debería hacer aquello que para mí responde a ese objetivo? –le pregunté a Casey exaltado y cada vez más entusiasmado con la idea.

–Exactamente –dijo Casey–. Si ayudar a la gente para ti significa convertirte en médico, eso es lo que deberías hacer. Si significa construir barracas en una zona depauperada, entonces hazlo. Puede que, en cambio, quieras estudiar economía y convertirte en contable a fin de aconsejar a la gente sobre sus impuestos; si esa es tu manera de ayudar, entonces eso es lo que deberías hacer.

Infinidad de pensamientos se agolparon en mi mente, y mi cabeza parecía una olla a presión. Nunca antes me había planteado las cosas en esos términos. Gran parte de las decisiones que había tomado en mi vida habían respondido a otras motivaciones, como los consejos de mi familia, ciertas presiones culturales o la opinión de otras personas. Esto era totalmente diferente.

–¿Y qué pasa si estoy aquí para experimentar qué significa vivir como un millonario?

–Entonces deberías hacer aquello que responda a tu definición de «ser millonario» –contestó Casey–. Si para ti significa relacionarte con otros millonarios, hazlo. Si implica matarte a trabajar hasta haber acumulado un millón de dólares, entonces hazlo. Igual que en el resto de ejemplos, siempre serás tú quien decida.

–«Ser un millonario...» Me gusta cómo suena eso –comenté, emocionándome cada vez más–. Podría comprarme unos cuantos coches nuevos, y quizá un par de casas.

–¿Es esa la razón de tu existencia? –me preguntó Casey en un tono de voz muy suave.

Su pregunta hizo que mi revolucionada mente se detuviera un momento.

–No lo sé.

–Mike y yo usamos un pequeño acrónimo –me dijo–. Se refiere a la pregunta que viste en la carta.

Cogí el menú y leí la primera pregunta.

¿Por qué estás aquí?

Ante mi sorpresa, vi cómo la pregunta se transformaba en «¿Por qué estoy aquí?».

Alcé los ojos hacia Casey, que se limitó a sonreír y continuar.

–Cuando alguien descubre por qué está aquí, entonces es que ha identificado su «sentido de la existencia». Nosotros lo llamamos «SE» para abreviar. Una persona, a lo largo de su vida, puede darse cuenta de que quiere hacer diez, veinte, o cientos de cosas, porque todas ellas dan sentido a su vida. Y podrá hacerlas todas. De hecho, nuestros clientes más felices y satisfechos son aquellos que conocen su SE, e intentan hacer todas aquellas actividades que contribuyen a cumplir su proyecto vital.

–¿Y vuestros clientes menos satisfechos? –pregunté.

–Pues, también hacen montones de cosas –dijo.

Luego hizo una pausa, y yo aproveché para decir algo que acababa de venirme a la cabeza.

–Hacen montones de cosas que no dan sentido a sus vidas.

Casey esbozó una sonrisa, y entonces supe que aquella era una de las conclusiones a las cuales tenía que llegar por mi cuenta.

–Casey, si decidiera hacerme la pregunta y finalmente llegara a descubrir mi SE, ¿cómo podría aprender qué cosas me ayudarían a realizarme, a vivir según ese sentido? La verdad es que me resulta un poco abrumador. Ni siquiera sé por dónde empezar...

Ella me respondió con una pregunta. Estaba empezando a notar que a menudo me respondía con nuevas preguntas.

–John, supongamos que has descubierto que el sentido de tu existencia es construir coches y que has decidido llevarlo a cabo. ¿Qué es lo que harías?

Me quedé pensativo un momento.

–Supongo que leería todos los libros sobre automóviles que pudiera, quizá visitaría alguna fábrica de coches o me pondría en contacto con expertos en la construcción de automóviles para que me aconsejaran. Y seguramente también intentaría trabajar en una cadena de montaje de coches.

–¿Te quedarías solo en un sitio?

Permanecí un instante en silencio, reflexionando.

–No, creo que si realmente quisiera saber cómo construir coches, visitaría diferentes lugares del mundo donde se fabricaran automóviles, y así aprendería distintas técnicas y formas de hacerlo. Así tendría una perspectiva más amplia. –La miré y me encogí de hombros–. Aunque supongo que no es tan abrumador como me lo había parecido hace un momento. Quizá descubrir qué actividades te ayudan a cumplir tu proyecto de vida es tan sencillo como explorar y buscar gente y cosas que guardan relación con él.

–Veo que ya lo has entendido –dijo Casey–. Todos estamos limitados por las experiencias que hemos vivido y por nuestros conocimientos.

Pero lo más importante es que, hoy en día, más que en cualquier otro momento de la historia de la humanidad, cada uno de nosotros tiene la oportunidad de acceder a todo tipo de información, gente, culturas y acontecimientos de todo el mundo.

Casey prosiguió.

–Actualmente, cuando nos disponemos a averiguar qué cosas contribuyen a cumplir nuestros objetivos en la vida, los obstáculos que nos encontramos ya no tienen tanto que ver con el acceso a la información, sino más bien con las limitaciones que nos imponemos a nosotros mismos.

–Tienes razón –asentí–. Y sin embargo, parece que no aprovechamos demasiado todas esas posibilidades. Cuando pienso en cómo paso mis días, me doy cuenta de que casi siempre hago lo mismo.

–¿Y eso por qué? –me preguntó Casey.

Miré de nuevo la carta encima de la mesa.

¿Por qué estás aquí?

–Supongo que es porque no conozco la respuesta a esta pregunta –dije señalando la carta–. Como no sé exactamente por qué estoy aquí ni qué quiero hacer con mi vida, me dedico simplemente a hacer lo que hace la mayoría de la gente.

—Y hacer lo que hace «la mayoría de la gente», ¿da sentido a tu existencia? —preguntó Casey.

12

No podía dejar de pensar en la pregunta de Casey. ¿Hacer lo que hace «la mayoría de la gente» daba sentido a mi existencia? Antes de que pudiera responder, ella me hizo una nueva pregunta.

–John, ¿has visto alguna vez una tortuga marina verde?

–¿Una tortuga marina?

–Sí –repuso Casey–, una tortuga marina. Concretamente, una gran tortuga marina verde, con manchas verdes en las aletas y en la cabeza.

–Supongo que alguna vez habré visto una fotografía de este tipo de tortugas –respondí–. ¿Por qué me lo preguntas?

–Por extraño que parezca –empezó Casey–, una tortuga verde me dio una de las lecciones más importantes de mi vida sobre cómo elegir qué cosas hacer cada día.

–¿Y qué te dijo? –le pregunté, intentando sin éxito disimular mi sonrisa.

–Es curioso –contestó ella, también con una sonrisa–, porque, de hecho, no me «dijo» nada en particular y, en cambio, me enseñó muchísimo. Resulta que yo estaba haciendo submarinismo en las costas de Hawái. Aquel día había sido espectacular; hasta ese momento, ya había conseguido ver una anguila con manchas de color púrpura y un pulpo, ambas especies eran nuevas para mí. También había visto miles y miles de peces, cuyos colores iban más allá de lo imaginable, desde un llamativo azul eléctrico hasta las gamas de rojos más intensos.

»Me encontraba a unos treinta metros de la playa, buceando entre rocas enormes, cuando me giré hacia la izquierda y vi una gran tortuga marina verde nadando a mi lado. Era la primera vez que veía una de estas tortugas en su hábitat natural, así que me sentí eufórica. Subí a la superficie, aclaré mi esnórquel y me quedé flotando en el agua para poder observarla.

»La tenía justo debajo de mí cuando miré hacía abajo y vi que se alejaba de la orilla. Decidí quedarme en la superficie y contemplarla un rato. Y, para mi sorpresa, aunque parecía moverse con bastante lentitud, a veces moviendo las aletas y otras simplemente flotando en el agua, yo no era capaz de seguirla. Incluso con las aletas que llevaba en los pies, que me daban más impulso en el agua, y sin chaleco de flotabilidad ni ningún otro elemento que me restara velocidad, la tortuga continuaba alejándose de mí a pesar de mis esfuerzos por seguirla.

»Después de diez minutos, aproximadamente, la perdí. Exhausta, decepcionada, y un poco avergonzada de nadar más despacio que una tortuga, me di la vuelta y me dirigí de nuevo hacia la playa.

»Al día siguiente, regresé al mismo sitio con la esperanza de poder ver más tortugas. Y así fue; tras nadar una media hora mar adentro, me giré para observar un banco de peces diminutos, de color negro y amarillo, y justo allí había otra tortuga marina. Me quedé mirándola mientras se deslizaba entre los arrecifes de coral, y luego intenté seguirla al ver que se alejaba de la orilla. Una vez más, me sorprendió el hecho de no poder seguirla. Al darme cuenta de lo rápido que se apartaba de mí, dejé de nadar y me quedé simplemente flotando para observarla. Fue justo entonces cuando la tortuga me enseñó esa lección tan importante que te comentaba antes.

Casey se quedó callada un momento.

—Casey, no puedes terminar así tu historia. Dime, ¿qué fue lo que te enseñó?

63

Ella me sonrió.

—Pensé que no creías que las tortugas marinas verdes fueran capaces de decirte nada.

Le devolví la sonrisa.

—Todavía no estoy muy convencido de que sean capaces de «decir» nada, pero estoy empezando a creer en su potencial didáctico. ¿Qué pasó luego?

—Pues bien, mientras flotaba en el agua, me di cuenta de que la tortuga se movía según los vaivenes del mar. Cuando una ola se dirigía hacia la playa y a la tortuga le venía de frente, esta se quedaba flotando y únicamente agitaba las extremidades para mantener su posición. En cambio, cuando la ola se dirigía de nuevo hacia el interior, nadaba mucho más rápido, de manera que sacaba el máximo provecho del movimiento del agua para avanzar a más velocidad.

»La tortuga nunca se oponía al impulso de las olas, sino que se aprovechaba de él. El motivo por el cual yo no había podido alcanzarla era que yo no había dejado de nadar en ningún momento, independientemente de la dirección en que se movían las olas. Al principio, no me fue mal haciéndolo así y, de hecho, pude mantener la distancia con la tortuga. En algún momento, incluso tuve que nadar más despacio. Pero, cuanto más luchaba contra las olas que me venían de frente, más me cansaba. De modo que cuando las olas volvían, ya no me quedaba energía para aprovechar su impulso.

»A medida que las olas iban y venían, más me fatigaba yo y menos avanzaba. Sin embargo, la tortuga continuaba armonizando sus movimientos con los de las olas, y por eso nadaba más rápido que yo.

–Casey –le dije–, gracias por tu historia de la tortuga...

–De la tortuga marina verde –me interrumpió ella, sonriente.

–Tienes razón, de la tortuga marina verde. He disfrutado muchísimo con la historia, sobre todo porque me encanta el mar, y te agradezco de verdad que me la hayas contado. Pero, sinceramente, no acabo de entender qué tiene esto que ver con la forma en que la gente elige las actividades que dan sentido a su vida.

–¡Y yo que me había hecho tantas ilusiones contigo! –exclamó Casey riéndose.

–Está bien, está bien –protesté–. Dame un minuto.

13

Pensé de nuevo en lo que habíamos estado hablando antes de la historia de la tortuga marina verde. Y entonces continué con la conversación.

–Hace un rato decías que cuando alguien sabe por qué está aquí, cuando sabe cuál es su SE, entonces puede dedicar su tiempo a hacer cosas que le ayuden a alcanzar ese objetivo.

–Hasta aquí, perfecto. Pero creo que estás a punto de llegar a una conclusión aún más importante –me dijo.

–¿Cómo lo has adivinado? –respondí con un guiño de complicidad–. A ver, creo que la tortuga, la tortuga marina verde, te enseñó que si no estás en sintonía con lo que quieres hacer, malgastarás tu energía en un sinfín de cosas. De manera que, cuando surjan las oportunidades de hacer aquello que de verdad quieres hacer, puede que no tengas la fuerza o el tiempo necesarios para aprovecharlas.

–Muy bonito –dijo–. Y se agradece la rectificación de «tortuga marina verde», en lugar de «tortuga» a secas.

Después de esto, Casey se puso más seria y añadió:

–Fue un momento realmente importante para mí, definitivamente marcó un punto de inflexión en mi vida.

»Hay tanta gente que cada día intenta persuadirte para que les dediques tu tiempo y tu energía. Piensa, por ejemplo, en tu correo electrónico. Si tuvieras que participar en cada actividad, venta u oferta de servicios de los que se te informa, no te quedaría ni un minuto de tiempo libre. Y eso es tan solo el correo electrónico. Luego piensa en todas las personas que quieren captar tu atención para que veas determinados programas de televisión, vayas a determinados restaurantes, viajes a determinados lugares... No tardarás mucho en estar haciendo lo que hacen todos los demás, o en hacer aquello que los demás quieren que hagas.

»Al regresar a la playa, después de haber estado observando a la tortuga el segundo día, todos estos descubrimientos y reflexiones se agolparon en mi cabeza. Me senté en la toalla y los anoté en mi diario. Me di cuenta de que, en mi vida, las olas entrantes estaban formadas por todo aquello que reclama mi atención, mi tiempo y mi energía (gente, actividades y cosas varias), pero que no tienen ninguna relación con mi SE. Y que las olas salientes eran las personas, las actividades y las cosas que contribuían a la realización de mi proyecto de vida, de mi SE. Por tanto, cuanto más tiempo y energía desperdiciara en las olas entrantes, menos tiempo y energía tendría para las salientes.

»El hecho de tener esto bien claro, hizo que me planteara las cosas desde una perspectiva totalmente diferente. A partir de ese momento, fui mucho más selectiva a la hora de decidir cuándo «nadar a contracorriente», y por qué razones.

–Muy interesante –dije, reflexionando sobre su historia y sobre la forma en que yo desaprovechaba la mayor parte de mi tiempo cada día–. Ahora comprendo lo que querías decir con eso de «aprender algo» de una tortuga marina verde.

Casey se levantó de la mesa.

–Sabía que lo entenderías. En todo caso, creo que debería dejarte terminar el desayuno. Puedes seguir pensando en lo que hemos hablado, y dentro de un ratito vuelvo a ver cómo vas, ¿qué te parece?

–De acuerdo. Por cierto, Casey, ¿podrías prestarme un trozo de papel y un bolígrafo antes de irte?

–Faltaría más.

Casey se sacó un bolígrafo del bolsillo del delantal y arrancó una hoja de su bloc para anotar pedidos. Dejó ambas cosas encima de la mesa y guiñándome el ojo mientras se marchaba me dijo:

–La respuesta te sorprenderá, ya lo verás.

–¿Cómo lo sabes...? –me quedé con la pregunta a medias, porque Casey ya casi estaba en la otra punta de la cafetería.

Empecé a hacer cálculos sobre el papel. Esperanza media de vida: setenta y cinco años... veintidós al terminar la carrera... recibo correo electrónico seis días a la semana... estoy despierto dieciséis horas al día... me paso veinte minutos al día respondiendo mensajes de correo electrónico...

Cuando acabé de realizar todas mis cuentas, no podía creer el resultado. Repetí las operaciones. El resultado fue el mismo.

Me di cuenta de que Casey no bromeaba acerca del impacto de las olas entrantes. Si desde el día que obtuve el título en la universidad hasta que cumpla setenta y cinco años, empleo veinte minutos al día abriendo y leyendo mensajes de correo que, en realidad, no me importan en absoluto, habré perdido prácticamente un año entero de mi vida en correo basura.

Revisé mis cálculos por tercera vez. No me había equivocado.

—¿Y bien?

Era Casey. Había vuelto de la cocina, pero yo estaba tan absorto en mis cálculos que ni siquiera la había visto.

—Tenías razón —le contesté—. Apenas puedo creérmelo. De hecho, estoy más que sorprendido, más bien diría en estado de *shock*. ¿Sabías que únicamente el correo basura te podría hacer perder un año entero de tu vida?

Casey sonrió.

—No todos los mensajes son correo basura, John.

—Ya lo sé, pero al menos para mí la mayoría lo son. Además, no es solo el correo electrónico. Estaba pensando también qué otras cosas forman parte de mis olas entrantes, en qué se me va el tiempo y la energía cada día.

—Da mucho que pensar —dijo ella—. Por eso la experiencia que viví con la tortuga marina verde me impactó tanto.

14

Casey se dirigió hacia el otro extremo del café y yo me dispuse a comer aquellas apetitosas crepes. Estaban deliciosas, como todo lo demás. Mientras comía, seguí pensando en mis conversaciones con Mike y Casey. No hay duda de que no eran las típicas conversaciones que uno tiene normalmente en una cafetería. ¿Por qué estás aquí? ¿Qué haces una vez has descubierto por qué estás aquí? ¿Qué puede enseñarte una tortuga marina verde?

Mientras continuaba con el resto de la fruta, Mike se acercó a mi mesa.

–¿Qué tal está tu desayuno?

–¡Tremendo! Este sitio es genial. ¿Has pensado en crear franquicias? Apuesto a que ganarías una fortuna.

Mike sonrió.

–Quizá ya tengo una fortuna.

–En ese caso, ¿por qué estás trabajando aquí...? –quise contenerme, pero ya era demasiado tarde–. Lo siento, Mike, no quería decir que este no sea un lugar maravilloso. Solo quería decir... Bueno, en realidad, no estoy seguro de lo que quería decir.

–No tiene importancia, no te preocupes –dijo Mike–. Me han hecho esta pregunta más de una vez. John, ¿te han contado alguna vez la historia del hombre de negocios que se fue de vacaciones y conoció a un pescador?

–Creo que no.

–Fue una historia muy conocida hace un par de años –dijo Mike–. Pienso que te interesará, ya que tiene mucho que ver con tu comentario sobre las franquicias.

–Seguro que sí –respondí, y señalé el reservado frente a mí–. Por favor, toma asiento.

Mike asintió y se acomodó.

–Pues bien, la historia es más o menos así: un hombre de negocios decidió marcharse de vacaciones para desconectar de todo, relajarse y «cargar las pilas». Cogió un avión con destino a un remoto país, y luego se dirigió a un pequeño pueblo de pescadores. Estuvo observando a la gente de aquella población durante unos días y se fijó en que había un pescador en concreto que parecía ser la persona más feliz y satisfecha del pueblo.

Este hecho despertó la curiosidad del hombre de negocios, así que un día se acercó al pescador y le preguntó qué hacía cada día.

»El hombre le explicó que, cada mañana, después de levantarse, desayunaba con su mujer y sus hijos. Luego sus hijos se iban a la escuela, él se iba a pescar y su mujer se dedicaba a pintar. Pescaba unas cuantas horas y volvía a casa con pescado suficiente para las comidas de la familia. Después, dormía la siesta. Más tarde, tras la cena, él y su mujer salían a dar un paseo por la playa y contemplaban cómo se ponía el sol mientras sus hijos se bañaban en el mar.

»El hombre de negocios estaba atónito.

»—¿Usted hace esto cada día? —le volvió a preguntar.

»—Sí, casi todos los días —respondió el pescador—. A veces, también hacemos otras cosas, pero, en general, sí, esta es mi vida.

»—¿Y consigue pescar peces cada día? —preguntó a continuación el hombre de negocios.

»—Claro —le contestó el pescador—, aquí hay muchos peces.

»—¿Y podría pescar más peces de los que lleva a casa para su familia? —insistió el hombre de negocios.

»El pescador le miró un buen rato, le dedicó una gran sonrisa y le respondió:

»—¡Por supuesto! A menudo pican muchos más, pero los devuelvo al agua. Es que verá, a mí me encanta pescar.

»—¿Y por qué no pesca durante todo el día, y consigue tantos peces como le sea posible? —le preguntó el hombre de negocios—. Así, podría venderlos y ganar mucho dinero. Enseguida, podría comprarse otra barca y, más adelante, una tercera, y los empleados que tuviera también pescarían montones de peces. Al cabo de un tiempo, podría montar una oficina en una ciudad importante. Y dentro de diez años le aseguro que estaría dirigiendo su propia empresa internacional de distribución de pescado.

»El pescador sonrió nuevamente.

»—¿Y por qué tendría que hacer todo esto? —preguntó el pescador.

»—Por el dinero, naturalmente —replicó el hombre de negocios—. Si lo hiciera, ganaría mucho dinero y podría retirarse.

»—¿Y qué haría cuando me hubiese retirado? —le preguntó ahora el pescador, aún con la sonrisa en los labios.

»—Pues, supongo que podría hacer lo que quisiera —dijo el hombre de negocios.

»–¿Podría, por ejemplo, levantarme y tomar el desayuno con mi familia?

»–Sí, supongo que sí –repuso el hombre de negocios, un poco molesto al ver el poco entusiasmo que su idea suscitaba en el pescador.

»–Y, si quisiera, como me gusta tanto pescar, ¿podría pescar unas cuantas horas cada día? –prosiguió el pescador.

»–No veo por qué no –le contestó el hombre de negocios–. Es probable que entonces ya no haya tantos peces, pero alguno quedará.

»–Y después de pescar un rato, ¿podría pasar las tardes con mi mujer, paseando por la playa y contemplando la puesta de sol, mientras nuestros hijos juegan y se bañan en el mar? –preguntó el pescador.

»–Claro, podría hacer todo lo que quisiera. Aunque, por esa época, sus hijos seguramente ya serán mayores –le respondió el hombre de negocios.

»Finalmente, el pescador sonrió a aquel hombre, le dio un cordial apretón de manos, y le deseó buena suerte en su propósito de relajarse y cargar las pilas.

Mike terminó su historia y me miró.

–¿Qué te ha parecido, John?

–Pues pienso que soy un poco como el hombre de negocios. Cada día me paso la mayor parte de mi tiempo trabajando para tener suficiente dinero para retirarme.

–Yo también solía hacerlo –dijo Mike–. Pero un día llegué a una conclusión muy importante para mí. La jubilación era esa época lejana en el futuro en la cual tendría dinero suficiente para hacer lo que quisiera. Sería libre y podría participar en todas las actividades que me apeteciera, y vivir la vida sintiéndome realizado.

»Una noche, tras un día especialmente frustrante en el trabajo, me dije a mí mismo que tenía que haber un camino mejor. Con el tiempo me he dado cuenta de que, de alguna manera, me había confundido sobre cómo debían funcionar las cosas. Y, en realidad, era todo tan sencillo que parecía de locos haberse confundido tanto. Sin embargo, así fue.

Miré a Mike.

–¿Y qué hiciste?

–Aquella noche llegué a la conclusión de que cada día tenía la oportunidad de hacer lo que quisiera. Cada día tenía la posibilidad de responder con mis acciones a la pregunta que viste en la contraportada de la carta. ¿Para qué debía esperar hasta «retirarme»?

Dejé el tenedor encima del plato y me recliné en el respaldo de la silla. Estaba un poco sorprendido de que pudiera ser tan fácil.

–No sé, suena tan sencillo –dije dubitativo–. Y si es tan fácil, ¿por qué la gente no hace siempre lo que quiere?

Mike sonrió.

–Bueno, eso yo no puedo decírtelo. Me temo que no puedo hablar por boca de todo el mundo. ¿Tú haces lo que quieres, John?

No pensaba que la conversación iría en esa dirección. Simplemente quería que Mike continuara hablando mientras yo me limitaba a escucharle. Reflexioné un momento sobre su pregunta.

–No, realmente no –contesté.

–¿Y por qué no?

Ahora Mike se adentraba en un terreno que yo no había previsto.

–Pues la verdad es que no estoy seguro. De hecho, tampoco sabía con exactitud qué quería estudiar cuando fui a la universidad. Al final, me decidí por una carrera que más o menos me gustaba y que mucha gente me había aconsejado. Me dijeron que habría mucha demanda de trabajo en ese campo cuando me licenciara. Al terminar mis estudios, empecé a trabajar, y mis aspiraciones se centraron básicamente en hacer dinero. No tardé mucho tiempo en ganar un sueldo respetable, y supongo que esa actitud se convirtió en costumbre.

»Ni siquiera estoy seguro de haberme planteado todo esto alguna vez –dije, señalando con el dedo la contraportada del menú–. Hasta esta noche.

–Como te comentaba antes –dijo Mike–, es curioso observar cómo y cuándo cada uno de nosotros llega a plantearse algo tan crucial.

–Sinceramente, me parece una locura –dije, negando ligeramente con la cabeza.

–¿A qué te refieres?

–A lo que hablábamos hace un segundo. ¿Por qué nos pasamos la vida preparándonos para cuando podamos hacer lo que queramos en lugar de hacer lo que queremos ahora mismo?

–Creo que deberías conocer a alguien que podrá explicarte un par de cosas sobre ese tema –me dijo Mike.

Se levantó de la mesa y se encaminó hacia el otro extremo del local, donde estaba Casey hablando con aquellos otros clientes. No alcancé a escuchar nada de lo que dijeron, pero vi que, al poco tiempo, Mike y otra persona del grupo se dirigían hacia mí.

15

Cuando llegaron a mi mesa, Mike me presentó a la mujer que había venido con él.

–John, me gustaría que conocieras a una amiga mía, Anne. Anne, este es John. Es un nuevo cliente, nos ha visitado esta noche por primera vez.

Anne me sonrió y nos estrechamos la mano.

–Encantado de conocerte –le dije–. Por lo que ha dicho Mike, supongo que cenas a menudo aquí, en el café.

–De vez en cuando –me contestó ella–. Esta cafetería es uno de esos sitios a los que simplemente vas a parar cuando más lo necesitas.

–Sí, creo que empiezo a intuirlo –le dije.

–Anne, John y yo estábamos justamente hablando de uno de tus temas favoritos, por eso pensé que sería una buena idea que vinieras y nos dieras tu opinión de experta.

Anne soltó una carcajada.

–Bueno, yo no estoy tan segura de que mi opinión sea «de experta», pero al menos siempre tengo algo que decir. ¿De qué estabais hablando?

–John me preguntaba por qué perdemos tanto tiempo en la vida preparándonos para cuando por fin podamos hacer lo que queramos en lugar de empezar a hacer esas cosas ya.

–Es verdad, es uno de mis temas preferidos –dijo, riéndose de nuevo.

La risa de Anne era muy contagiosa. Me cayó bien enseguida.

–Por favor, Anne, siéntate. Me encantaría escuchar tu punto de vista. Tú también, Mike, si es que puedes quedarte un rato más.

Mientras los dos se sentaban a mi mesa. Mike dijo:

–Antes de continuar, creo que deberías conocer un poco mejor a Anne –interrumpió Mike–. Tiene un título superior en márquetin cursado en una de las escuelas universitarias más reputadas del mundo, y durante muchos años fue una ejecutiva de éxito en el mundo de la publicidad.

–¡Guau! –exclamé–. Suena impresionante.

–No necesariamente –dijo ella con una sonrisa–. Pero Mike tiene razón, supongo que es importante que lo sepas para situarte.

Anne se sentó enfrente de mí.

—John, ¿sueles ver la televisión, lees revistas o escuchas la radio alguna vez?

—Sí, de vez en cuando. ¿Por qué me lo preguntas?

—La respuesta a tu pregunta de por qué pasamos tanto tiempo preparándonos para cuando podamos hacer lo que queramos en lugar de hacerlo ya está, en parte, en los mensajes a los que estamos expuestos cada día —respondió—. Verás, los publicistas saben desde hace tiempo que si identifican los verdaderos miedos de la gente, así como sus deseos de sentirse realizados, podrán motivarlos para que hagan cosas. Si aciertan a identificar aquello que les da miedo realmente o aquello que de verdad desean, conseguirán que adquieran unos bienes de consumo concretos o que paguen por obtener determinados servicios.

—¿Me puedes poner un ejemplo? —le pedí.

—Veamos, ¿recuerdas haber visto u oído algún anuncio cuyo contenido se centrara en proporcionarte felicidad o seguridad? Cuyo mensaje fuera algo así como: «Si compras este producto, tu vida será mejor».

—No estoy seguro —contesté—. Pero supongo que sí.

–Suele tratarse de mensajes subliminales –comentó Anne–. Obviamente, las empresas no acostumbran a transmitir sus intenciones de manera directa. Sin embargo, cuando sabes dónde buscar, o cuando has estado activamente involucrado en el diseño de campañas publicitarias, lo detectas enseguida. El objetivo de ese tipo de mensajes es hacerte creer que te sentirás plenamente satisfecho y realizado si compras un producto o contratas un servicio concreto. Por ejemplo, conducir este maravilloso coche dará sentido a tu vida, comiéndote este delicioso helado alcanzarás la felicidad absoluta, si luces este magnífico brillante te sentirás plenamente satisfecho o satisfecha.

»Y deja que además te diga algo fundamental –añadió Anne–. A menudo se nos comunica un mensaje incluso más sutil, pero que tiene un impacto mucho mayor. Si los adquieres, esos productos no solo te proporcionarán una satisfacción total, sino que, si careces de ellos, no conseguirás ser feliz.

Me quedé mirándola burlonamente.

–Así pues, ¿me estás diciendo que la gente no debería comprar nunca nada? Me parece un poco radical y, además, no creo que resulte muy práctico.

–No, no, de ninguna manera –exclamó Anne enseguida–. No me malinterpretes. Cada uno que haga lo que quiera. Yo no te estoy diciendo que no compres un coche, que no vayas al centro comercial o que no te comas un helado.

»Tú preguntabas por qué perdemos tanto tiempo preparándonos para aquello que realmente queremos hacer, en lugar de hacerlo ya. Parte de la respuesta es que, si no somos conscientes de ello, vamos a tragarnos todo ese montón de mensajes publicitarios a los que estamos expuestos diariamente y acabaremos creyendo que la clave para encontrar la felicidad y la satisfacción en la vida se encuentra en un determinado producto. En última instancia, eso puede llevarnos a una situación económica que nos obligue, de alguna manera, a seguir haciendo algo que no es lo que queremos hacer.

—No estoy seguro de haberte entendido bien —le dije.

—Te pondré un ejemplo muy general —dijo Anne—. Ten en cuenta que no tiene por qué ser cierto para todo el mundo, pero te servirá para comprender todo lo que hemos hablado.

16

–Desde pequeños, estamos expuestos a anuncios que pretenden inculcarnos la idea de que la felicidad y la realización personal se alcanzan comprando determinadas cosas. En consecuencia, ¿qué es lo que hacemos?

Me encogí de hombros.

–Supongo que compramos esas cosas para ver si los anuncios dicen la verdad.

Anne asintió.

–Exactamente. El problema es que, para comprar cosas, ¿qué es lo que necesitamos?

–¿Dinero? –respondí, encogiéndome de nuevo de hombros.

–Exacto.

–Y para conseguirlo, buscamos un trabajo. Puede que no encontremos el trabajo de nuestra vida, y que el tiempo que pasamos allí no se corresponda exactamente a cómo querríamos pasar las horas de nuestra vida. Pero, de todos modos, aceptamos ese trabajo para poder pagar las cosas que compramos. Nos decimos a nosotros mismos que es temporal, que pronto estaremos haciendo otra cosa, algo que se adecúe más a aquello que queremos hacer.

»Al final, lo que ocurre es que, como el trabajo no nos llena y como nos pasamos tantas horas trabajando, cada vez nos sentimos más frustrados. A nuestro alrededor hay mucha gente que habla de las ganas que tienen de que llegue ese día en el futuro en el que podrán retirarse y hacer las cosas que siempre han querido hacer. Ante este panorama, nosotros tampoco tardaremos mucho en empezar a visualizar esa época casi mística del futuro en que no tengamos que hacer nuestro trabajo y por fin podamos dedicarnos a aquello que realmente queremos hacer.

»Mientras tanto, como compensación por el hecho de no poder hacer lo que nos gusta, compramos más y más cosas, con la esperanza de que los mensajes publicitarios estén en lo cierto, aunque solo sea un poquito. En el fondo, tenemos la secreta ilusión de que esas cosas nos proporcionen la satisfacción que de ninguna manera nos aporta nuestra rutina diaria. Pero, por desgracia, cuanto más compramos, más facturas recibimos y, por tanto, más tiempo debemos pasar en el trabajo para poder pagar todo lo que hemos comprado. Y como las horas que pasamos en el trabajo no responden a la imagen ideal de cómo vivir nuestra vida, pasar más tiempo en el trabajo se traduce en un incremento de nuestros sentimientos de frustración e insatisfacción, puesto que ahora nos queda aún menos tiempo para las actividades que realmente nos apetece hacer.

–Por eso compramos más cosas todavía –añadí–. Creo que ya veo hacia dónde nos conduce todo esto. Y no me parece una forma de vida muy positiva.

–Sea positiva o no –repuso Anne–, lo cierto es que la gente se pasa muchos años trabajando, haciendo cosas que no responden necesariamente a su SE. Y entretanto, la mayoría está constantemente proyectándose en el futuro, soñando con el día en que podrá dejar de trabajar y hacer lo que de verdad quiere hacer.

Anne dejó de hablar y todos guardamos silencio durante unos instantes.

–¡Vaya! Nunca me lo había planteado de esta manera –dije–. ¿Estás completamente segura de que es así?

Anne y Mike se rieron al unísono.

–John, del mismo modo en que no te aconsejaría que tomaras totalmente en serio los mensajes publicitarios, sino que simplemente los asumieras como tales, tampoco querría que aceptaras sin más todo lo que te estoy diciendo –me respondió Anne–. Casey nos comentó que habíais estado hablando de las oportunidades que tenemos actualmente para acceder a todo tipo de información, y así saber qué es lo que hay. Lo que acabo de compartir contigo no es más que mi opinión, una opinión más. Ahora que ya la conoces, puedes mirar a tu alrededor y decidir por ti mismo si es verdad, si solo es verdad a medias o si nada de lo que te he dicho es cierto.

17

Reflexioné durante unos instantes sobre lo que acababa de decir Anne. A continuación, la miré.

–Anne, respecto al ejemplo que has expuesto antes, ¿viviste tú esa misma experiencia?

Anne volvió a sonreír.

–Efectivamente. Ahora puedo reírme, pero no fue nada divertido en su momento. Me sentía muy deprimida e insatisfecha y tenía la sensación de haber perdido el control de mi propia situación. Trabajaba muchísimas horas al día y luego intentaba «regalarme» montones de cosas para compensar mi falta de tiempo libre. En aquella época, me parecía una forma muy racional de enfocar la vida.

»Cuando me pasaba todo el fin de semana trabajando, me decía a mí misma, ahora me merezco un vestido nuevo, o el aparato electrónico más moderno, o algún sofisticado objeto decorativo para la casa. El problema era que, como siempre estaba trabajando, apenas me quedaba tiempo para disfrutar de las cosas que me había regalado a mí misma. La gente que venía a mi casa siempre me comentaba lo bonita que la encontraba o lo mucho que le gustaba, pero yo apenas estaba en casa lo suficiente como para valorarla.

»Una noche, después de haber revisado un gran fajo de facturas que una vez más consumirían prácticamente todos mis ingresos mensuales, me tumbé en la cama y me quedé mirando el techo. Era lo único que podía hacer para no arrancar a llorar. Me di cuenta de que los años iban pasando, y de que mi vida se reducía a un trabajo que, en realidad, no me importaba nada. Y de que para compensar ese sentimiento de insatisfacción, me compraba cosas que, de hecho, tampoco me importaban lo más mínimo.

»Además, para agravar aún más el problema, según mis cálculos, para poder hacer las cosas que de verdad me motivaban tenía que continuar trabajando hasta los sesenta, edad en la que finalmente podría retirarme. Me sentía miserable.

–Parece que ahora tu visión de las cosas es otra muy distinta –dije–. ¿Qué ocurrió después?

Anne sonrió y respondió:

–Sí, entonces veía las cosas de manera muy diferente. Aquella noche, tras haber estado un buen rato mirando al techo e intentando entender cómo había llegado hasta esa situación, decidí salir a dar un paseo. Vivía en una gran ciudad, y las calles estaban llenas de gente. Recuerdo que observaba las caras de todos los que me pasaban de largo y me preguntaba si alguno de ellos se sentía como yo. ¿Eran felices? ¿Hacían aquello que querían hacer? ¿Se sentían realizados con sus vidas? Al final, me paré delante de una pequeña cafetería que ya había visto otras veces, pero en la que nunca había entrado–. Anne miró a Mike y sonrió–. Casualmente, y para mi asombro, alguien que conocía estaba sentado en una de las mesas. Habíamos coincidido en algunas ocasiones, y siempre me sorprendía lo contento y relajado que se le veía.

»Me invitó a que me sentara con él, y por espacio de tres horas y muchas tazas de café, estuvimos intercambiando teorías sobre la vida. Cuando le conté la situación en que me encontraba en esos momentos, sonrió y me dijo que quizá gran parte de mis propios anuncios me estaban afectando. Le contesté que no acababa de entender lo que quería decirme, así que me explicó el perverso círculo vicioso que te he descrito antes. Y luego me contó algo que nunca más se me ha olvidado.

»—El reto que tenemos ante nosotros –me dijo–, es darnos cuenta de que nos sentimos realizados por algo, o de que algo nos satisface, porque nosotros individualmente lo decidimos así, no porque alguien nos lo diga.

»Esa noche, al llegar a casa, me dispuse a reflexionar con calma sobre las cosas con las que me sentía realizada, y por qué. Después, intenté imaginar qué haría cada día de mi vida si tuviera la posibilidad de decidirlo por mí misma. Y, a continuación, me pregunté por qué quería pasar mis días de esa manera. Finalmente, el resultado de todas aquellas reflexiones me llevó hasta aquí –concluyó Anne, señalando la contraportada de la carta.

¿Por qué estás aquí?

–¿Y luego? –pregunté con curiosidad.

De nuevo, Anne soltó una carcajada.

–Bueno, supongo que Casey ya te explicó que una vez te has planteado la pregunta *¿Por qué estás aquí?*, todo en tu vida cambia. Sin entrar a fondo en los detalles, puedo asegurarte que desde esa noche no he vuelto a ser la misma.

–¿En serio? –pregunté.

Ella asintió.

–No fue un cambio repentino, sino un proceso lento y gradual. Me propuse dedicarme a mí misma un poco más de tiempo cada semana. Dejé de regalarme «cosas» a modo de compensación por haber trabajado tan duro y, en lugar de eso, empecé a regalarme «tiempo» para realizar aquellas actividades que me apetecía hacer. Por ejemplo, me aseguraba de que al menos durante una hora al día hacía algo que realmente me gustaba. A veces era leer una novela que me hiciera mucha ilusión, otras salir a dar un paseo o hacer deporte.

»Poco a poco, de una hora pasé a dos, más adelante fueron tres y, antes de que pudiera darme cuenta, mi vida estaba totalmente enfocada a hacer cosas que de verdad quería hacer, cosas que respondían a la pregunta *¿Por qué estoy aquí?*

18

Anne se giró hacia Mike.

–¿Habéis hablado ya de la pregunta sobre la muerte?

–¿De la pregunta sobre qué...? –pregunté, sintiéndome más que aprensivo.

Anne sonrió y señaló la carta.

–¿Te acuerdas de la segunda pregunta?

Miré hacia abajo.

¿Te da miedo la muerte?

Lo cierto es que casi me había olvidado de las otras dos preguntas de la carta. Y, después de todos los interrogantes a los que me había visto expuesto a raíz de la primera, no estaba muy seguro de estar preparado para reflexionar sobre las dos restantes.

–Está estrechamente relacionada con la primera –dijo Mike.

Otra vez se había producido ese extraño fenómeno telepático, precisamente ahora que ya estaba empezando a convencerme de que estaba en una cafetería normal. Aunque, si soy absolutamente sincero, debo confesar que nunca creí que aquel fuera un sitio del todo normal.

–¿Qué quieres decir con «relacionada»? –le pregunté a Mike.

–¿A ti te da miedo la muerte? –me preguntó entonces Anne–. La mayoría de la gente le tiene miedo. De hecho, es uno de los miedos más comunes entre las personas.

–No lo sé –repuse, encogiéndome de hombros–. Tengo la sensación de que hay tanto por hacer en la vida que no me quiero morir antes de haber tenido la oportunidad de hacer todas las cosas que deseo hacer. Sin embargo, la muerte no es algo en lo que piense todos los días.

–La gente que nunca se ha planteado la primera pregunta y que no ha hecho nada conscientemente para dar sentido a su vida... –Anne me miró y se quedó callada un momento–. Esas personas temen la muerte –dijo.

Ahora fui yo quien se quedó en silencio. Miré a Anne y a Mike.

–¿Estáis diciendo que casi todo el mundo se

pasa el día pensando en la muerte? Me cuesta creer una cosa así. Quiero decir que, en todo caso, yo os puedo asegurar que no pienso en ella cada día.

Mike sonrió.

–No, por supuesto que no. Lo que acabamos de describir tiene lugar principalmente a nivel del subconsciente. No es que la mayoría de la gente tenga presente el concepto de la muerte todos los días en su pensamiento; sino que, subconscientemente, saben que cada día que pasa es un día menos que les queda para tener la oportunidad de hacer las cosas que quieren hacer en la vida. Y por eso temen la llegada inevitable, en algún momento incierto del futuro, del día en que ya no tendrán esa oportunidad. Tienen miedo del día que mueran.

Pensé en lo que acababa de decir Mike.

–Pero no tiene por qué ser así, ¿verdad? Quiero decir que, si alguien se pregunta por qué está aquí, descubre qué cosas forman parte de su proyecto vital y luego las lleva a cabo, ¿por qué tendría que temer la muerte? No puedes tener miedo de no tener la oportunidad de hacer algo si ya lo has hecho o lo estás haciendo cada día.

Anne sonrió.

–No, claro que no –dijo muy suavemente, y a continuación se levantó de la mesa–. Ha sido un verdadero placer conocerte, John. He disfrutado mucho con nuestra conversación, aunque me temo que ya es hora de que regrese con mi amigo.

Yo también me puse en pie y nos dimos la mano.

–Para mí también ha sido un placer, Anne. Gracias por compartir tus vivencias y tus puntos de vista conmigo.

En cuanto se dio la vuelta y se encaminó hacia su mesa, me dejé caer en la silla. Me sentía diferente. No sabía por qué, pero era como si acabara de aprender algo que iba a ser muy valioso para mí durante mucho tiempo.

Mike me miró.

–¿Estás bien, John? Pareces un poco turbado.

–Estaba pensando –le respondí– que lo que Anne y tú acabáis de decirme tiene mucho sentido. Me sorprende no haberlo oído antes o que no se me haya ocurrido a mí mismo nunca.

–Todo a su debido tiempo, John. Puede que sí hayas pensado en ello alguna vez, pero que en ese momento no estuvieras preparado para «escuchar» a tus pensamientos o para «hacer algo» respecto a ellos.

Tras decir esto, Mike recogió dos platos vacíos de la mesa.

–¿Qué te parece si me llevo estos platos? Por cierto, ¿no has terminado aún con las patatas, verdad?

–Por asombroso que parezca, ¡todavía no! –le contesté, dejando a un lado mis elucubraciones y centrándome de nuevo en el manjar que tenía delante–. Están buenísimas y aún me queda hambre, así que no te las lleves.

Al marcharse Mike, volví a repasar todo lo que él, Anne y yo habíamos estado hablando minutos antes. Era mucha información para asimilar. Pensé con detenimiento en la historia de Anne acerca de la influencia que ejercen en nosotros los anuncios publicitarios. ¿Hasta qué punto mi definición de conceptos como éxito, felicidad y autorrealización no la *habían determinado* otros más que yo mismo? Era difícil saberlo. En todo caso, decidí que a partir de entonces procuraría estar más atento a los mensajes que se escondían detrás de lo que la gente decía.

La conversación sobre la muerte había sido algo completamente diferente. Sabía que al final había logrado comprender la pregunta a un nivel bastante profundo. Y no es que hasta ese momento hubiera vivido sumido en un estado de desesperación emocional, obsesionado solo con la idea de la muerte. Ni siquiera era algo en lo que pensara a menudo. Sin embargo, la idea de vivir la vida según mis propios esquemas, y el impacto que esto tendría en mi forma de ver el día a día, me atraía enormemente.

«No puedes tener miedo de no tener la oportunidad de hacer algo si ya lo has hecho o si lo estás haciendo todos los días», me repetí a mí mismo.

Ojalá lo hubiera pensado u oído antes. «De todas maneras –pensé–, no basta con saber la teoría. Lo importante es ponerme manos a la obra y empezar a hacer lo que de verdad quiero hacer».

19

Releí las preguntas de la carta por enésima vez.

¿Por qué estás aquí?

¿Te da miedo la muerte?

¿Te sientes realizado?

Ahora ya no me parecían tan extrañas como al principio, cuando las leí por primera vez. De hecho, en el transcurso de las últimas horas, habían adquirido una importancia mucho mayor.

¿Te sientes realizado?

«Hasta que no vayas más allá del mero hecho de saber por qué estás aquí y empieces a encaminarte de verdad hacia ese fin, no creo que puedas sentirte realizado», pensé para mis adentros.

–Pero hacerlo no siempre es tan fácil, ¿verdad? –dijo Casey.

Levanté la vista al tiempo que ella me rellenaba el vaso de agua. No la había oído acercarse a la mesa. Como había ocurrido antes con Mike, era como si hubiera surgido de la nada.

–No, no lo es –contesté–. Estoy pensando en mi propia situación. Sé perfectamente cómo hacer lo que hago cada día. Me pagan por ello. Ahora bien, ¿qué pasa si me pregunto a mí mismo por qué estoy aquí e identifico qué cosas quiero hacer con mi vida, pero luego no sé cómo hacer esas cosas o no consigo vivir de ellas? ¿Qué haré para ganar dinero? ¿Cómo me mantendré y cómo podré ahorrar para cuando me jubile? ¿Qué pasará si no soy bueno haciendo las cosas que quiero hacer o si son cosas de las cuales la gente se ríe y nadie respeta?

Casey esperó hasta que terminé con todas mis preguntas.

–John, ¿crees que cuando alguien pasa por el proceso de plantearse la pregunta y encuentra finalmente la respuesta, se siente feliz? ¿Crees que estará ilusionado con lo que ha descubierto?

Me quedé en silencio unos segundos, intentando imaginarme cómo sería descubrir la respuesta.

–Sí, estoy convencido de que sí –contesté–. Imagino que averiguar el verdadero motivo de nuestra existencia debe de ser algo muy emocionante.

–¿Y crees que debe de ser igual de emocionante hacer aquellas cosas que contribuyen a dar sentido a nuestra vida? –me preguntó Casey.

Volví a quedarme en silencio. Sus preguntas me parecían demasiado obvias. «Seguramente hay algo que se me escapa», pensé.

–Sin duda –dije–. ¿Por qué no debería serlo? Hacer lo que uno ha elegido hacer con su vida debe de ser apasionante, más que cualquier otra cosa en el mundo.

–Entonces, ¿por qué piensas que alguien que ha tomado esa decisión puede fracasar?

Me quedé mirándola. Y ella continuó antes de que yo pudiera responder.

–¿Has conocido alguna vez a alguien verdaderamente apasionado por lo que hace a diario? ¿A alguien que dedique su tiempo a algo que realmente le gusta?

De nuevo me quedé pensando.

–Conozco a muy pocas personas que encajen con esa descripción.

–Y esas personas, ¿son buenas en lo que hacen? –preguntó Casey.

–Pues sí, ¡claro! –dije con cierto sarcasmo–. Con todo el tiempo que pueden dedicar a esas actividades, es lógico que sean buenos, ¿no? Quiero decir que leen sobre ese tema en su tiempo libre, miran programas de televisión que están relacionados con el tema, van a convenciones y congresos de especialistas... Con toda esa dedicación, lo mínimo que se espera de ellos es que sean buenos en lo que hacen.

–¿Y no se cansan de hacerlo? –preguntó ella.

–No –repuse–. Al contrario, parece que nunca tienen suficiente. Es como si cuanto más realizaran esa actividad más ganas tuvieran de dedicarse a ella y... –me detuve antes de terminar la frase.

Casey me sonrió.

–Y, según tú, ¿les cuesta mucho encontrar trabajo?

Hice una pausa.

–A la gente que yo he conocido, no. Saben tanto de lo suyo, de lo que les apasiona hacer, que todo el mundo les consulta, les pide consejo y quiere que se involucren en sus proyectos.

–También es probable que sean personas muy optimistas y positivas –dijo Casey–. A quienes seguramente no les haga falta irse de vacaciones y alejarse de todo para «cargar las pilas».

Los comentarios de Casey me hicieron reflexionar. Era una forma interesante de enfocar las cosas. ¿Cómo sería la vida si pudiera hacer siempre las cosas que quisiera hacer? ¿Cómo sería si pudiera dedicar mi tiempo a algo que me apasionara realmente?

–Pero ¿qué pasaría con el dinero? –le pregunté–. Está claro que el hecho de ser muy bueno en alguna actividad, o de saber mucho sobre ella, no significa que te vayan a pagar mucho dinero por realizarla. Es posible que te sea fácil encontrar trabajo, ¿pero va a ser un trabajo bien remunerado?

20

Me sentí un poco mejor conmigo mismo después de haberle hecho a Casey esta pregunta.

—Al fin y al cabo —añadí—, ¿quién sabe qué cosas le pueden llenar a uno? ¿A qué decidirá dedicarse finalmente?

—Ya entiendo —dijo Casey—. A ver, imaginémonos la peor de las situaciones por lo que se refiere al dinero. Pongamos por caso que vives de manera que cada día haces aquello que responde a lo que has identificado como tu SE. No obstante —prosiguió Casey—, no ganas «mucho» dinero. Vaya por Dios. Qué tragedia, ¿no? Pensemos en las terribles consecuencias. Podrías llegar a la conclusión de que has vivido tu vida de acuerdo con tu propio SE, haciendo realidad tu proyecto vital. Podrías haberte pasado toda la vida haciendo aquello que realmente querías hacer, porque en su momento descubriste por qué estabas en este mundo, pero... —Casey se quedó un segundo en silencio—, resulta que, al llegar a los sesenta y cinco años, te das cuenta de que no tienes suficientes ahorros para jubilarte. ¿Qué haces entonces? –preguntó retóricamente–. Supongo que no te quedaría más remedio que continuar haciendo las cosas que quieres hacer. Qué desgracia tan grande, ¿verdad?

Llegado este punto, Casey parecía estar interpretando una tragicomedia.

Solté una carcajada.

–Casey, ¿sabías que puedes ser muy sarcástica cuando quieres?

Me devolvió la sonrisa.

–Solo quiero estar segura de haber comprendido claramente tu forma de pensar.

–De acuerdo, de acuerdo... Creo que ya lo entiendo –dije–. Todo esto se refiere a la historia que me contó Mike sobre el pescador y el hombre de negocios. ¿Por qué esperar a hacer lo que quieres hacer en lugar de empezar a hacerlo hoy mismo?

–Se trata de esto, y de algo más. ¿Recuerdas la conversación que mantuviste con Anne acerca de por qué tanta gente se compra cosas constantemente?

–Por supuesto, me acuerdo perfectamente. Hablábamos de que hay gente que necesita ganar más dinero para poder comprar más cosas. Estas personas compran cosas con la esperanza de que aquello que compran llene el vacío que les produce el hecho de no poder hacer cada día lo que querrían hacer. Sin embargo, el peligro está en que cuanto más compran, más tienen que trabajar para pagar lo que han comprado. Y si no tienen cuidado, esto puede acabar conduciéndoles a un callejón sin salida.

Hice una pausa. Tenía la sensación de haber olvidado algo. Miré a Casey, pero ella tampoco dijo nada, simplemente me devolvió la mirada.

–Tiene que ver con la peor de las situaciones, ¿no es así? –pregunté.

Casey asintió con la cabeza.

Me quedé pensando un momento.

–Supongo que lo más importante es que una persona, en el peor de los casos, siempre podría elegir hacer otra cosa.

Casey se limitó a asentir de nuevo con la cabeza, así que continué.

–Y ese es el peor de los casos posibles. Obviamente, cabe la posibilidad de que ocurra todo lo contrario. Es decir, que a alguien le paguen mucho dinero por hacer aquello que quiere hacer y que responde a la pregunta de por qué está aquí.

Casey asintió con la cabeza una vez más.

Sin embargo, yo sabía que aún no había identificado qué era lo que de alguna manera se me escapaba. Me eché hacia atrás, apoyando la espalda totalmente en el asiento, y bebí un sorbo de agua. Estaba a punto de pedirle un poco de ayuda a Casey, cuando de repente me vino a la cabeza.

–Quizá el tema del dinero pierde importancia. Lógicamente, dependería de cada persona y de sus circunstancias, pero...

–Pero ¿qué? –preguntó Casey.

Aparté la mirada un instante. Las piezas del rompecabezas estaban todas ante mí. Solo tenía que ordenarlas. Entonces, de repente, lo vi claro.

–Bueno, en mi caso, yo trabajo para ganar dinero –dije–. Necesito dinero para pagar las cosas que compro. Cuando pienso en todo lo que compro, creo que soy un poco como la gente de la que hablaba Anne. Muchas de las cosas que tengo me ayudan a evadirme por un tiempo; cosas que me ayudan a relajarme y me hacen sentir mejor en mi entorno.

»Lo que me pregunto es: ¿cuántas de esas cosas querría realmente si no tuviera la necesidad de «relajarme» y «desconectar de todo»? Si pudiera estar siempre haciendo aquello que quiero hacer en cada momento, posiblemente no sentiría tanta necesidad de evadirme ni de recuperarme del estrés acumulado. Tampoco estoy diciendo que viviría perdido en una cabaña en medio del bosque, pero lo que me pregunto es: ¿hasta qué punto cambia la definición de lo que uno considera «mucho dinero» cuando vive una vida plenamente satisfactoria y llena de sentido?

Casey asintió otra vez.

–Así pues, ¿estás sugiriendo que la gente debería dejar de querer más dinero?

–No –respondí, e intenté encontrar las palabras adecuadas para explicar lo que quería decir–. No es eso. Yo solo quería decir que, en mi caso, si supiera por qué estoy aquí, y pudiera dedicarme exclusivamente a lo que me realiza, seguramente la cuestión del dinero no me preocuparía tanto como ahora. Eso es lo que intentaba decir.

Casey se levantó de la mesa y recogió dos platos vacíos.

–Unas reflexiones muy interesantes, John.

Se giró, y la observé mientras se dirigía a la cocina.

«Que han surgido en un lugar muy interesante», pensé.

2 1

Transcurridos unos minutos, Casey regresó y se sentó frente a mi de nuevo.

–John, cuando he llevado tus platos a la cocina, Mike me recordó algo que quizá te resulte interesante. Tiene que ver con la conversación que tuvimos antes acerca de los retos que uno debe superar cuando intenta llevar a cabo su proyecto de vida.

–¿Te refieres a mi pregunta sobre cómo ganar dinero haciendo lo que uno quiere hacer? –pregunté.

–En parte sí, pero también hay otras cosas.

Miré a Casey con atención.

–Me encantaría que me lo explicaras. Soy todo oídos.

–Para que lo entiendas bien, necesito que pienses en algunas de esas personas sobre las cuales hablábamos antes.

–¿Quieres decir en la gente que conozco a

quien le apasiona lo que hace? –pregunté–. ¿En aquellos que parece que se pasan la vida haciendo lo que más les gusta?

–Precisamente. ¿Hay algo que te llame la atención sobre ellos?

–No sé –empecé–, había una mujer que se dedicaba a vender...

–De hecho, John –me interrumpió Casey–, preferiría que pensaras en algo más general, que no te limitaras a explicarme en concreto lo que hacen estas personas. ¿Te fijaste en algún rasgo que tuvieran en común?

Me recliné de nuevo en el respaldo de la silla, y cerré los ojos un instante. Así pude imaginarme mentalmente cómo eran las personas en las que estaba pensando.

–Bien, pues como te comenté antes, me da la sensación de que todas ellas son verdaderamente felices. Se ve claramente que les gusta lo que hacen. Y que confían plenamente en sí mismos. Y no es que sean unos prepotentes, sino que simplemente parecen saber que las cosas saldrán como ellos quieren que salgan. Puede que suene extraño, pero diría que otra de sus características es que son personas afortunadas. Quiero decir que siempre les suceden cosas buenas, cosas inesperadas.

–¿Puedes ponerme algún ejemplo? –me pidió Casey.

–Lo intentaré. Estaba pensando concretamente en una mujer que trabaja en el mundo de la publicidad... precisamente como Anne. Curiosa coincidencia, ¿verdad? Bueno, el caso es que ella quería conseguir un contrato millonario. Ya no recuerdo de qué se trataba exactamente, pero sé que había mucho dinero en juego y que, antes que ella, lo habían intentado muchos otros sin éxito.

»La cuestión es que ella se propuso firmar ese contrato. Tras pasarse un par de semanas recopilando y preparando el material para su presentación, recibió la llamada de una antigua compañera de la universidad. Hacía años que no hablaba con ella y, mientras se ponían al día, surgió el tema del trabajo. Entonces la mujer le comentó a su amiga que estaba intentando conseguir ese contrato, y casualmente resultó que la amiga conocía a alguien que trabajaba justamente en la misma empresa con la que la mujer quería firmar el contrato.

»Después de unas cuantas llamadas, los tres quedaron para cenar. Y claro, pasadas unas semanas, la mujer logró el anhelado contrato. A esto me refería al decir que les ocurren cosas inesperadas. Realmente da la impresión de que estas personas tienen mucha suerte.

—¿Y por qué crees tú que será, John? —me preguntó Casey.

Bebí un poco más de agua.

—Una parte de mí piensa que se debe simplemente a la casualidad. Sin embargo, me pediste que pensara en la gente que disfruta de verdad con lo que hace. Pues bien, se trata de personas que dedican su tiempo a algo que, por lo que yo sé, está relacionado con su SE. Y justamente, parece que a ellas ese tipo de cosas les ocurre constantemente.

Casey me miró y sonrió.

—Según tu opinión, ¿esas cosas solo les ocurren a ellos? ¿A ti nunca te ha pasado algo así?

Volví a reclinarme en el respaldo de mi silla.

—Supongo que alguna vez. Ahora mismo no me viene a la cabeza ningún ejemplo concreto, pero sé que ha habido ocasiones en las que me ha sorprendido que algo absolutamente inesperado me sucediera justo cuando más lo necesitaba.

—John —dijo Casey a continuación—, si fueses capaz de recordar esas ocasiones concretas en que te ocurrieron cosas inesperadas, tengo el presentimiento de que encontrarías un nexo de unión entre ellas.

—¿Como, por ejemplo, que en esas épocas yo estaba haciendo exactamente las cosas que quería hacer? —pregunté.

22

Tan pronto como hube pronunciado aquellas palabras, sentí que un escalofrío me recorría todo el cuerpo. Era la misma sensación que había tenido anteriormente, cuando creía haber aprendido algo importante sobre mí mismo.

Casey sonreía.

–No puedo hablar de tu caso en concreto, John, pero sí de ciertas cosas que he observado sobre la gente en general, a raíz de mi trabajo aquí, en el café. Puedo asegurarte que las personas que conocen su SE, y hacen aquello que han elegido hacer en la vida, son muy afortunadas. De forma inesperada, y aparentemente por azar, les ocurren cosas buenas cuando más falta les hace.

»Les he preguntado a algunos de ellos sobre este fenómeno, y mientras todos coinciden en que es cierto, no hay tanta unanimidad respecto a sus posibles causas. Para serte sincera, me he dado cuenta de que a muchos de ellos no les importa demasiado saber por qué les pasan cosas buenas e inesperadas. Saben que suceden precisamente cuanto más persiguen sus objetivos, cuanto más se orientan hacia su SE. Y, para ellos, esto simplemente forma parte del juego, del modo en que funcionan las cosas.

—Qué extraño —dije—. Hasta suena un poco místico.

—Sí, hay gente que también lo ha considerado así —explicó Casey—. Otros lo ven como parte del fluir natural del universo, o como los actos de un poder superior. No obstante, hay quien sencillamente habla de buena suerte. En cualquier caso, todos coinciden en que está ahí y en que es un factor que influye en lo que hacen.

—¿Y tú qué opinas, Casey? —le pregunté.

Ahora fue ella quien tuvo que pararse a pensar un momento.

—Si te digo la verdad, no lo sé. Supongo que la explicación está en esas respuestas, y quizá en otra más. ¿Has oído hablar alguna vez de la teoría de los números exponenciales?

—No creo. ¿Te importaría explicarme un poco de qué se trata?

—Por descontado, enseguida verás que es facilísimo. Te pondré un ejemplo. La teoría de los números exponenciales dice que si tú le cuentas algo a alguien y haces que se lo cuente a otras personas, y esas personas lo explican aún a más gente, en muy poco tiempo tu mensaje habrá llegado a un gran número de personas. Es decir, a mucha más gente de la que tú contactaste personalmente.

–¿Como una especie de cadena de correos electrónicos, no? –dije yo–. Aquello que consiste en enviar un correo electrónico a diez personas, y ellas a su vez deben enviarlo a diez personas más, y así sucesivamente.

–Exactamente. Es la misma idea. Aunque, en este caso, imagínate que en lugar de un correo electrónico lo que quieres transmitir a la gente es algo que estás intentando hacer y que forma parte de tu SE. Si hablas con diez personas, y ellas hablan con otras diez, y así progresivamente, antes de que te des cuenta habrá una cantidad considerable de gente que potencialmente podrá ayudarte.

Me quedé pensando por un segundo en esta teoría.

–Pero ¿por qué tendrían que estar dispuestos a ayudarme? Me refiero a que yo, por ejemplo, no conozco a nadie que envíe correos electrónicos para hacer una cadena. ¿Qué motivos podría tener la gente para hablar con otras personas acerca de lo que yo intento hacer?

Casey me miró sin decir nada. Tuve la impresión de que esta era otra de esas ocasiones en que se suponía que yo mismo debía encontrar la respuesta. Pensé de nuevo en la conversación que acabábamos de mantener y en cómo habíamos llegado a la teoría de los números exponenciales, pero seguí sin dar con la respuesta.

–No se me ocurre por qué, Casey. ¿Podrías darme alguna pista?

–John –me dijo ella–, piensa en aquellas personas de las que me hablaste al principio de nuestra conversación, aquellas que dedican su vida a cumplir los objetivos marcados por su SE, ¿cómo te sientes cuando interactúas con ellas?

–Es genial. No puedes evitar dejarte llevar por la pasión y el entusiasmo que ponen en todo lo que hacen. Y sientes la necesidad de contribuir en sus proyectos, de ayudarles de algún modo.

Hice una pausa.

–Vamos, Casey ¿me estás diciendo que esta es la respuesta? ¿Pero qué tiene que ver esto con lo de pasar el mensaje?

–John, justamente acabas de decir que la pasión y el entusiasmo que sienten por lo que hacen te impulsan a querer ayudarles. Si tú no pudieses hacerlo, pero conocieras a otras personas que sí pudieran echarles una mano, ¿no te pondrías en contacto con ellas?

–¡Pues claro! –respondí–. Otra vez, es gracias a ese entusiasmo y a esa pasión. Parecen tan...

Me quedé en silencio, buscando las palabras adecuadas.

–¿Bien orientados? –dijo Casey, terminando mi frase.

–Sí, algo así. Parecen tener tan claro hacia donde van, están tan bien encaminados que uno quiere ayudarles, sin más.

–Y cuando hablas de ellos con otras personas que podrían ayudarles, ¿cómo lo haces? –preguntó Casey.

Sonreí. En parte me sonreía a mí mismo y en parte a Casey.

–Lo hago con la misma pasión y el mismo entusiasmo que ellos me mostraron en primer lugar. Son sentimientos muy contagiosos, es casi como si esa emoción se transmitiera con el mensaje.

–Entonces, quizá sea esta la respuesta que estabas buscando –dijo Casey.

Se puso en pie y recogió los platos vacíos que había encima de la mesa.

–John, estoy impresionada –comentó antes de irse, con los platos aún en la mano–. Debías de estar realmente muerto de hambre...

–Ha sido la comida –repuse–. Demasiado buena para dejar nada.

Eché un vistazo a la cocina y vi a Mike. Me saludó con la mano y le devolví el saludo, esta vez sintiéndome un poco menos incómodo con esta nueva costumbre de saludar a los cocineros en los bares.

–Casey, ¿no sabrás, por casualidad, si aún queda algún trozo de pastel de fresa y ruibarbo en la cocina?

Casey soltó una carcajada.

–Veré qué puedo hacer.

23

Unos minutos más tarde, Mike ya estaba en mi mesa. En la mano sostenía un plato con un trozo de pastel lo suficientemente grande como para que comieran cuatro personas.

–¿Habías pedido una ración de pastel de fresa y ruibarbo, verdad? –me preguntó.

–Pero Mike, ¡eso más bien parece la mitad del pastel! No creo que pueda terminármelo.

–No hay prisa, tómatelo con calma –me dijo mientras colocaba otra servilleta y un tenedor en la mesa. Y luego añadió:

–¿Qué tal tu conversación con Casey?

–Fue interesante, muy interesante. Hemos estado hablando de gente que ha buscado una respuesta a la versión modificada de esta pregunta –dije señalando la carta de menús.

Por un momento, las palabras de la pregunta se transformaron en *¿Por qué estoy aquí?*, pero luego lentamente regresaron a *¿Por qué estás aquí?*.

Esta vez ni siquiera me molesté en mencionar el cambio.

–Bien pues, esa pregunta –corroboré–. Al parecer, existen ciertas características comunes entre las personas que han encontrado su respuesta. Han descubierto cuáles son las cosas que dan sentido a sus vidas, y están completamente seguros de que serán capaces de llevarlas a cabo. Además, de tanto en tanto les ocurren cosas que les ayudan a culminar con éxito sus proyectos. Casey me explicaba algunas de las teorías que tiene la gente sobre este último fenómeno.

Mike sonrió con un poco de sorna.

–Hay mucha especulación sobre este tema. De hecho, siempre la ha habido, probablemente desde la época de los primeros filósofos.

–Mike, hay algo que no acabo de entender. ¿Por qué no busca todo el mundo su SE? ¿Qué es lo que les frena? Y, antes de que me contestes, ya sé que debería buscar el motivo en mi caso concreto, y estaba pensando en ello cuando llegaste; sin embargo, tengo curiosidad por saber si existe alguna razón más importante, más general que cualquiera que yo pueda encontrar para mí mismo.

Mike tomó un sorbo de la taza que sostenía en

la mano y la dejó encima de la mesa al tiempo que se sentaba enfrente de mí.

–Está claro que cada uno tiene sus propias razones –empezó–, y que deberá afrontarlas personalmente, puesto que son fruto de su circunstancia particular. No obstante, hay motivos de mayor alcance que parecen ser más dominantes.

–¿Por ejemplo?

–Pues, para mucha gente es tan simple como no haberse planteado nunca que existe una razón para existir. Otros puede que sí se lo hayan planteado, pero no están seguros de tener ninguna razón en especial. Y luego también existe otro tipo de personas que, bien sea por la educación que han recibido, bien por el entorno en que se mueven o quizá por sus creencias religiosas, no consideran tener el derecho de perseguir su SE.

»Incluso aquellas personas que sienten que tienen un proyecto de vida y que tienen derecho a realizarlo, a veces creen que hacerlo es muy complicado. Y no saben que es tan simple como confiar en que podrán hacerlo, y luego hacer aquello que realmente quieren hacer.

»Esto tiene mucho que ver con lo que tú y Anne hablabais antes. Mucha gente se gana la vida, u obtiene su poder, convenciendo a otros de que ellos, o algo que ellos hacen o venden, son la clave para conseguir la satisfacción plena. Imagínate cómo cambiaría su situación si la gente llegara a la conclusión de que es cada uno quien controla su propio nivel de satisfacción. La gente que trata de convencer a los demás de cuáles son sus necesidades perdería totalmente su poder. Y a este tipo de gente no le gusta nada perder su influencia sobre los demás.

–Lo que dices me ha hecho pensar en una de las conversaciones que Casey y yo hemos mantenido al principio de esta noche –comenté–. Ella me ayudó a entender que cuando alguien descubre su SE, consigue hacer y convertirse en lo que quiere. No necesita ni el permiso ni el consentimiento de nadie.

–Así es –corroboró Mike–. Y lo que es más importante, nadie puede impedir, ni hacer que alguien logre o haga todo aquello que quiere en la vida. Cada uno de nosotros somos dueños de nuestro destino.

Me quedé un rato pensando en la última frase de Mike. Y también reflexioné sobre todo lo que había hablado anteriormente con Casey y Anne.

–La situación que me estás describiendo es muy diferente de los mensajes que recibo y escucho cada día. Ahora entiendo por qué a la gente le resulta tan difícil incluso el mero hecho de considerar conceptos como el porqué de su existencia o el control de su propio destino. Y ya no digamos ir más allá y vivir realmente de acuerdo con ese porqué.

–Totalmente de acuerdo –dijo Mike–. Sin embargo, no es imposible. De hecho, hace un par de semanas vino una persona al café que nos contó a Casey y a mí cómo aprendió a controlar su destino. Es una historia ciertamente interesante; si quieres, te la explico.

–Por supuesto. ¿Tiene que ver, por un casual, con algún otro pescador?

Mike se puso a reír.

–No, esta vez no. Más bien tiene que ver con el mundo de los deportes. Durante muchos años, este tipo había estado soñando de forma recurrente que se encontraba ante un golpe de golf tremendamente complicado. Tal como nos contó él mismo, no es un gran golfista cuando está despierto, así que enfrentarse a ese reto mientras dormía le resultaba especialmente frustrante. En el sueño, la pelota que debía golpear estaba situada bien sobre el alféizar de una ventana, bien sobre una enorme roca de pendiente pronunciada o bien sobre algún otro lugar igual de ridículo y desafiante.

»Él intentaba una y otra vez apoyar los pies firmemente en el suelo y hacer un buen *swing* de práctica, pero nunca le salía bien y sabía que el tiro sería pobre. Cuantos más *swings* de práctica realizaba, más se estresaba y más se preocupaba.

»Cuando aquel sentimiento de frustración alcanzaba su punto más álgido, él se sentía finalmente preparado para realizar el tiro. Sin embargo, al iniciar el *back swing*, la situación de la pelota volvía a cambiar, y él tenía que enfrentarse a una nueva posición, igual de difícil o más que las anteriores, lo que le provocaba otro ataque de estrés y ansiedad. Esta secuencia de eventos se repetía ininterrumpidamente, hasta que al final el hombre se despertaba con el corazón latiéndole a toda velocidad y totalmente estresado.

»Una noche tuvo de nuevo el mismo sueño, pero en el momento en que solía llegar a su máximo nivel de frustración, se dio cuenta de que con un simple gesto podía coger la pelota y colocarla en cualquier otro sitio. No había nada en juego, y a nadie excepto a él le importaba desde dónde golpeara la pelota.

»Nos explicó que se levantó con una increíble

sensación de haber comprendido algo que, en cuanto lo supo, le pareció obvio, pero que no había conseguido entender hasta entonces. Y luego terminó su historia explicándome detalladamente lo que había aprendido.

»*A pesar de lo que nos puedan inducir a creer, o de lo que oigamos a través de la publicidad o de lo que podamos sentir cuando estamos estresados en el trabajo, cada uno de nosotros controlamos cada minuto de nuestras vidas. Yo lo había olvidado, y me esforzaba por adaptarme a todo tipo de condicionantes externos, dejando que ellos controlaran mi vida.*

»*Del mismo modo en que a nadie excepto a mí le importaba desde dónde realizaba el tiro, en la vida solo tú sabes realmente qué esperas de tu existencia. No permitas nunca que la gente o las circunstancias te dominen hasta el punto de sentir que ya no controlas tu propio destino. Sé activo para elegir tu camino, si no, otros lo harán por ti. Simplemente tienes que mover la pelota de golf.*

Al terminar la historia, Mike me miró.

–Lo ves, no había ningún pescador.

–No, nada de pescadores. Pero una gran historia de todos modos. Me ha gustado mucho el mensaje que transmite.

–Al tipo aquel también. Me dijo que el mensaje del sueño le cambió la vida. A partir de entonces, fue consciente de que él era el único responsable de escoger su destino. Ahora, cuando se encuentra con alguna dificultad y no sabe exactamente qué hacer, simplemente se dice a sí mismo: «Mueve la pelota de golf». El mero hecho de decirlo, me contó, le recuerda que no debe tener miedo, solo tiene que hacer aquello que quiere hacer en cada momento.

24

Di un vistazo a mi reloj. Eran las cinco y cuarto de la mañana.

–Es increíble –dije–. ¡Si ya casi es hora de volver a desayunar!

Mike sonrió.

–Me parece que primero tendrás que terminarte tu ración de pastel.

–Pues no va a ser tarea fácil –dije, al tiempo que pinchaba otro trozo con el tenedor.

Cuando acabé de masticarlo, me dirigí de nuevo a Mike.

–Hay algo que todavía no tengo del todo claro. Ya lo he hablado con Casey y contigo, pero sigo sin encontrar una respuesta.

Mike sonrió con picardía.

–Lo siento en el alma, John, pero la receta del pastel debe continuar siendo un secreto. Es lo único que no podemos compartir contigo aquí.

Yo también sonreí.

–Vaya, qué lástima. Aunque tienes toda la razón. Afortunadamente, es otro tipo de respuesta lo que estoy buscando. Hemos estado hablando de la gente que se pregunta a sí misma *¿Por qué estoy aquí?*, y antes Casey y yo también comentamos tanto las consecuencias que se derivan de hacerse esta pregunta como qué es lo que puede hacer la gente una vez ha averiguado la respuesta. Lo que aún no acabo de comprender es...

–Cómo consigue uno encontrar la respuesta –completó Mike.

–Exacto.

–Creo que lo mejor será que venga Casey. Seguramente los dos juntos podremos explicártelo mejor que por separado.

Mike se levantó de mi mesa y se fue a la otra punta de la cafetería. Allí estaba Casey, sentada en una de las mesas, hablando con Anne y su amigo. Me pregunté si también estarían discutiendo sobre alguno de los mismos temas que Mike y yo habíamos estado comentando.

Poco después, Casey se levantó y ella y Mike vinieron hacia mí.

–¿Cómo está el pastel? –me preguntó Casey nada más llegar.

–Delicioso –contesté con una sonrisa–. Ya casi estoy lleno.

–Casey, John quería saber cómo encuentra uno la respuesta a esta pregunta –dijo Mike, y señaló una vez más la pregunta *¿Por qué estás aquí?* en la contraportada de la carta, la cual volvió a transformarse en *¿Por qué estoy aquí?*–. Pensé que quizá entre los dos podríamos intentar contestarle.

–Me parece perfecto –dijo Casey, y acto seguido ambos tomaron asiento.

Alargué el brazo para servirme un vaso de agua, y no vi que Casey le guiñó el ojo a Mike.

Casey me miró, y con voz muy seria, me preguntó:

–¿Tienes buzón, John?

–Claro.

–Bien pues, la primera noche de luna llena que caiga en el séptimo día del mes siguiente a haberte hecho la pregunta, recibirás un paquete. En ese paquete habrá un documento que, leído contra la luz de una vela, te mostrará un mensaje secreto escrito por aquellos que conocen la respuesta. El mensaje solo puede leerse una vez en la vida, a la luz de una vela y en el séptimo día del mes.

Dejé el vaso en la mesa y me incliné hacia delante para escuchar el resto de las instrucciones.

–Cuando abras el paquete, sabrás que es el correcto porque estará atado con una cinta roja, con doble nudo, cuya...

Justo en ese momento noté que la mesa se estaba moviendo... de hecho, era como si vibrara. Me eché hacia atrás.

–¿Qué está pasando, Casey? –pregunté atónito–. La mesa...

Casey siguió hablando, como si no se diera cuenta de que la mesa se estaba moviendo.

–...lazada más grande será al menos dos veces mayor que la lazada más pequeña, y estará situado en la esquina superior izquierda del paquete.

Dirigí la vista hacia Mike. Para mi asombro, y también un poco para mi vergüenza, vi que era él quien causaba el movimiento vibratorio de la mesa y que, por tanto, no se trataba de una señal del más allá, como yo estaba empezando a creer. Mike había estado escuchando el discurso de Casey, y para contener la risa, se había tapado la boca con la mano, y se había inclinado sobre la mesa. Pero ahora se estaba riendo tan fuerte que todo su cuerpo temblaba, y hacía que la mesa a su vez se moviera.

Al darme cuenta de todo, solté una enorme carcajada. Entonces Casey se giró hacia Mike y le dio un golpe cariñoso en el hombro.

—Hay que reconocer que como cómplice no eres muy bueno, la verdad –dijo Casey sonriendo.

—Lo siento –se disculpó Mike–. Pero es que tu discurso me ha parecido tan convincente que no he podido reprimirme...

—Está bien –dijo Casey–. Admito que me he tomado ciertas libertades creativas en el momento de responder a tu pregunta, John.

—¡Ciertas libertades! –exclamó Mike–. Yo diría que más bien te lo has inventado todo. «Atado con doble nudo, cuya...»

Mike terminó su imitación de Casey, y los tres prorrumpimos de nuevo en risas.

—Vaya, vaya, Casey. Estás hecha toda una cuentista –le dije–. Aunque sigues sin responderme la pregunta.

—Aparte de divertirnos un poco –me dijo con una sonrisa–, también intentaba hacerte ver algo. Hay mucha gente que se plantea la pregunta y quiere saber enseguida la respuesta, pero pretende que alguien o algo lo haga por ellos.

—En un paquete que llega el día siete –añadí sonriendo.

—Exactamente, el día siete. La cuestión es que, de la misma manera que podemos decidir libremente qué hacer tan pronto sabemos la respuesta, también somos los únicos responsables de averiguar cuál es.

—Así pues, lo que estás diciendo —empecé— es que uno no puede simplemente dar el primer paso y luego quedarse esperando a ver qué pasa. Si alguien quiere descubrir de verdad por qué está aquí, tendrá que descubrirlo por sí mismo.

—Eso es —corroboró Mike—. Y cada uno lo hace a su manera. Algunos dedican mucho tiempo a meditar profundamente sobre por qué están aquí. Otros escuchan su música favorita y observan el rumbo que toman sus pensamientos. Luego hay muchos que se marchan solos a algún lugar en contacto con la naturaleza; y los hay, en cambio, que prefieren hablar de ello con amigos y desconocidos. Algunas personas incluso descubren su respuesta a través de ideas e historias que han leído en los libros.

—¿Y podrías recomendarme algún método infalible?

Casey se giró hacia mí.

—Es que esto depende totalmente de cada persona, John. No obstante, el concepto clave que tienes que recordar es que únicamente nosotros podemos determinar cuál es nuestra propia respuesta. Por eso hay tanta gente que se aísla de todo y pasa un tiempo en solitario mientras trata de averiguarla.

–Eso tiene mucho sentido –dije–. Es muy difícil concentrarse en algo cuando por todos lados te están bombardeando constantemente con información y mensajes.

–Así es –repuso Mike–. Cuando la gente decide dedicar cierto tiempo a meditar o a disfrutar de la naturaleza, lo que quiere básicamente es alejarse del «ruido» exterior, para poder centrar toda su atención en lo que *ellos* piensan realmente.

–¿Es eso todo? –pregunté.

–No –respondió Casey–. John, ¿te acuerdas de cuando comentábamos lo importante que era estar abierto a la influencia de nuevas ideas, culturas, personas, puntos de vista y cosas por el estilo?

–Por supuesto. Fue durante nuestra conversación sobre cómo descubrir las distintas cosas que uno puede hacer para cumplir su proyecto de vida.

–Exactamente –replicó Casey–. Pues bien, esta misma idea también puede aplicarse a aquellas personas que intentan encontrar su SE. Algunas de ellas se dan cuenta de que al experimentar y aprender cosas nuevas, se sienten atraídas por algunas de esas novedades. Mucha gente incluso sufre una reacción física. Sienten escalofríos o un temblor que les sube por la espina dorsal, o lloran de alegría al descubrir algo que les motiva de verdad. Otras personas tienen de repente una especie de revelación. En fin, todo esto pueden ser pistas para ayudar a la gente a descubrir por qué están aquí.

–Entiendo perfectamente lo que quieres decir –repuse con una sonrisa–. He tenido esta sensación en ocasiones anteriores, cuando al leer o escuchar algo he sabido inmediatamente que era justo lo que yo quería o necesitaba. De hecho, esta noche me han sobrevenido varios de estos momentos de revelación.

Casey me devolvió la sonrisa.

–¿Hemos respondido a tu pregunta, John?

–Creo que sí. Si os he entendido bien, no hay una sola respuesta para todo el mundo. Sin embargo, buscar la situación o el entorno adecuado para poder reflexionar y centrarse en la pregunta podría ser una forma. Además, ser receptivo a nuevas ideas o experimentar nuevas vivencias, y observar qué reacción nos provocan también es algo que puede ser muy útil.

–Ya lo tienes, John –dijo Mike.

Casey se levantó de la mesa.

–Voy a ver cómo están el resto de nuestros clientes. ¿Puedo ayudarte en alguna otra cosa?

–Estoy bien, Casey. Muchas gracias. A menos que, tras una luna llena, reciba un paquete inesperado envuelto con un lazo rojo… es probable que aún tenga algunas preguntas más que haceros.

Ella sonrió y le guiñó un ojo a Mike.

–Ha sido un placer.

25

–John, ¿hacia dónde te dirigías cuando llegaste aquí? –me preguntó Mike, mientras Casey se marchaba al otro lado de la cafetería.

–Me he tomado unos días de vacaciones. Necesitaba alejarme por un tiempo de todo. Tenía la sensación de que me hacía falta parar un poco y pensar, aunque no sabía exactamente sobre qué. De todas maneras, debo confesar que durante las últimas... –di una ojeada a mi reloj– ocho horas, me habéis proporcionado muy buenas ideas sobre cosas en las que pensar. Mike, ¿te importa si te hago una pregunta personal?

–En absoluto. ¿De qué se trata?

–¿Qué hizo que *tú* te plantearas las preguntas de la carta?

Mike se reclinó cómodamente en su silla y una amplia sonrisa apareció en su rostro.

–¿Por qué estás tan seguro de que me las he planteado?

–Por tu forma de ser, tu comportamiento, este lugar... No sé, pero tengo la impresión de que estás haciendo exactamente lo que quieres hacer. Por eso supongo que en algún momento de tu vida te hiciste las preguntas, y este café es el resultado.

Mike sonrió de nuevo. Tomó un sorbo de su taza y comenzó a hablar.

–Hace algunos años yo llevaba una vida bastante frenética. Durante el día, trabajaba a jornada completa en una empresa; por las noches, iba a la universidad a hacer un curso de postgrado, y el poco tiempo libre que me quedaba lo dedicaba a entrenar para triunfar como atleta profesional. Durante dos años y medio, cada minuto de mi vida estuvo totalmente programado.

»Después de obtener el título de postgrado, dejé mi trabajo y decidí tomarme el verano de vacaciones. De hecho, había conseguido un trabajo mejor y ya lo tenía todo organizado para incorporarme la primera semana de septiembre a mi nueva empresa. Así pues, aquel verano un amigo y yo decidimos viajar a Costa Rica para celebrar nuestros respectivos títulos. Él también acababa de aprobar su curso de postgrado.

»Estuvimos varias semanas recorriendo el país. Hicimos numerosas excursiones por las selvas tropicales, observando su exótica fauna y flora, e intentamos integrarnos en aquella nueva cultura. Un día estábamos sentados encima de un tronco de un árbol caído, comiendo mangos y contemplando el vaivén de las olas en una playa de una belleza increíble. Habíamos estado toda la tarde surfeando en unas aguas cuya temperatura era de casi treinta grados y ahora nos relajábamos mientras veíamos extasiados cómo el cielo cambiaba de color a medida que se ponía el sol. Pasó del azul brillante al rosa púrpura, luego al naranja y, finalmente, se tiñó de rojo con los últimos rayos de sol.

–Todo esto suena idílico.

–Sí, la verdad es que fue espectacular. Y recuerdo que entonces, contemplando la puesta del sol, tuve una iluminación. Mientras yo había estado planificando cada segundo de mi vida durante los últimos dos años y medio, aquella maravillosa escena se había estado repitiendo día tras día. El paraíso estaba solo a unas cuantas horas de avión y algunas carreteras enlodadas y yo ni siquiera sabía que existía. Pensé también en que no solo había existido durante los dos años y medio en que yo había estado tan ocupado, sino que el sol se había puesto allí y las olas se habían estrellado contra aquella magnífica playa, durante millones y billones de años.

»Justo después de aquella reflexión, me sentí insignificante. Mis problemas, las cosas que me habían estresado hasta entonces, mis preocupaciones acerca del futuro... todo me pareció irrelevante y absurdo. Me di cuenta de que no importaba lo que hiciera o dejara de hacer en mi vida, si mis decisiones eran correctas, incorrectas, o ni una cosa ni la otra, aquel espectáculo simplemente continuaría representándose mucho después de que yo desapareciera de este mundo.

»Me quedé allí sentado, ante la asombrosa belleza y grandiosidad de la naturaleza, pensando que mi vida era solo una parte infinitesimal de algo inmenso. Y en aquel mismo instante me asaltó la pregunta *¿Por qué estoy aquí?* Si todas las cosas que me parecían tan importantes resulta que, en realidad, son insignificantes, ¿qué es lo verdaderamente importante? ¿Cuál es la razón de mi existencia? *¿Por qué estoy aquí?*

»Una vez me hube planteado estas preguntas, pasé por un proceso similar al que te describió antes Casey. No pude dejar de pensar en ellas hasta que averigüé las respuestas.

Mike terminó de hablar y yo me eché hacia atrás. Sin darme cuenta, me había ido inclinando hacia delante para escuchar cada palabra de lo que me estaba diciendo.

–Te lo agradezco, Mike. Es una historia fantástica.

–La vida es una historia fantástica, John. Lo que pasa es que hay mucha gente que no es consciente de que ellos son los autores y de que pueden escribirla como quieran.

Mike se levantó de la mesa.

–Es hora de volver a la cocina, hay que empezar a recoger y limpiar un poco. ¿Necesitarás algo más, John?

–No, gracias. Creo que no tardaré en continuar mi viaje. Por cierto, antes de llegar aquí estaba completamente perdido. Y la verdad es que ahora no tengo ni idea de por dónde debo seguir.

Mike sonrió.

–Bueno, eso depende de hacia dónde quieras ir.

Tras decir esto, Mike comenzó a explicarme alguna otra cosa, pero inmediatamente se calló, como si de repente hubiera cambiado de opinión. Cuando volvió a hablar, se limitó a contestar mi pregunta.

–Si sigues unos cuantos kilómetros por esta carretera, llegarás a un cruce. Continúa por la derecha y enseguida podrás incorporarte a la autopista. Justo antes de la vía de acceso, encontrarás una estación de servicio. Aún te queda suficiente gasolina para llegar hasta allí.

Me sorprendió que Mike supiera que podría llegar a la gasolinera con el combustible que me quedaba: sin embargo, tenía el presentimiento de que acabaría teniendo razón. Me puse en pie y le di la mano.

–Gracias, Mike. Esta cafetería es un sitio realmente especial.

Él me estrechó la mano con fuerza y, a continuación, me dijo:

–Siempre serás bienvenido, John. Que tengas mucha suerte con tu viaje.

Y tras aquellas palabras, se dio la vuelta y se alejó.

26

Antes de irme, leí una vez más las preguntas de la carta.

¿Por qué estás aquí?

¿Te da miedo la muerte?

¿Te sientes realizado?

Eran preguntas ciertamente profundas. Y si alguien me las hubiera preguntado solo un día antes, estoy seguro de que habría pensado que esa persona estaba un poco mal de la cabeza. En cambio ahora, sentado en el café releyendo la contraportada de la carta, apenas podía imaginarme no habérmelas planteado nunca. Casey se acercó a mi mesa, dejó la cuenta y me dio un pequeño paquete.

–Es el último trozo de pastel de fresa y ruibarbo. Mike quiere que te lo lleves como regalo de despedida. Y este otro es de mi parte –añadió dándome una de las cartas del café.

En la página delantera, bajo el título *Un café en el fin del mundo*, Casey había escrito un mensaje para mí. Lo leí un par de veces.

–Solo es un detalle para que te acuerdes de nosotros –me dijo con una amplia sonrisa.

–Muchísimas gracias, Casey. Gracias por todo.

–No hay de qué, John. Por eso estamos aquí.

Dejé el dinero encima de la mesa, cogí la carta con la nota de Casey y el paquete con el pastel y salí del café con la sensación de empezar un nuevo día.

El sol comenzaba a levantarse, y sus rayos se filtraban a través de los árboles de la pradera que se veía justo al otro lado de la zona de aparcamiento. En el aire aún se percibían los últimos resquicios de la quietud y la calma que preceden al inicio de un nuevo día, y al mismo tiempo podían escucharse los primeros sonidos de un día que ya estaba en movimiento.

Me sentía como nuevo, con muchas ganas de vivir. Cambié de mano el paquete que sostenía con la mano derecha y abrí la puerta del coche.

«¿Por qué estoy aquí? –pensé–, ¿por qué estoy aquí...?».

No había duda de que aquel era el comienzo de un nuevo día.

EPÍLOGO

Después de aquella noche en la cafetería, mi vida cambió definitivamente. Los cambios no se presentaron de forma espectacular, como caen los rayos o los relámpagos del cielo. Y, sin embargo, el impacto que acabaron teniendo en mi vida fue al menos igual de fuerte.

Como en el caso de Anne, todo sucedió de forma lenta y gradual. Me marché del café pensando «¿por qué estoy aquí?», y luego continué dándole vueltas a la pregunta el resto de mis vacaciones. Sin embargo, no obtuve todas las respuestas durante aquella semana. Por eso entendí que encontrar el sentido de mi existencia, o mi SE, como lo abreviaba Casey, no era solo cuestión de pasarse unas vacaciones pensando en ello y luego volver como si nada a la rutina diaria. Como la mayoría de cosas que merece la pena saber, desentrañar la respuesta a esta pregunta requería un esfuerzo mucho mayor.

Y fue gracias a los distintos métodos que aprendí de Casey y Anne que logré averiguarla. Primero, como hizo Anne, decidí dedicar un poco de tiempo cada día a hacer cosas que me gustaran o que me apeteciera hacer. Más adelante, como me aconsejó Casey, intenté sacar el máximo provecho de las oportunidades que nos ofrece hoy el mundo de las comunicaciones y busqué ocasiones para aprender y experimentar cosas nuevas. Todo esto me ayudó a ampliar el espectro de posibles razones de por qué estoy aquí, de modo que ya no era tan limitado como cuando empecé mi viaje.

Finalmente, descubrí cuál era mi SE o mi proyecto de vida y de qué manera quería llevarlo a cabo. Y podrá parecer una ironía, pero en aquel momento tuve que enfrentarme al peor reto de todos. Cuando debes escoger entre dos opciones, y una es vivir una vida plena de sentido y la otra es simplemente vivir, cabría pensar que la decisión es fácil. Pero no lo es.

Con los años, he observado que es en este punto donde la mayoría de la gente termina su viaje. Miran por una rendija en la puerta y ven claramente la vida que les gustaría tener. Sin embargo, por los motivos que sea, son incapaces de abrir la puerta y entrar en esa vida.

Al principio, esto me provocaba una gran tristeza. Pero, como dijo Mike y como yo mismo he llegado a creer, la gente da ese paso en momentos muy distintos de sus vidas. Algunos cruzan esa puerta ya desde la infancia, otros lo hacen más tarde y hay personas que nunca se deciden. Es algo que necesita meditarse con calma, que uno debe hacer por sí mismo; nadie más puede tomar esa decisión.

A mí personalmente, la idea de que «no puedes tener miedo de no tener la oportunidad de hacer algo si ya lo estás haciendo o si ya lo has hecho», me ayudó enormemente a abrir la puerta. Y ahora es uno de los principios fundamentales según los que rijo mi vida.

Desde aquella noche, no pasa un solo día sin que piense en algo relacionado con el café. Cada vez que abro mi buzón y lo encuentro lleno de publicidad y ofertas de cosas que no necesito, me acuerdo de Casey y de su historia sobre la tortuga marina verde. Esa ola entrante está siempre presente, preparada para consumir mi tiempo y mi energía. La diferencia es que ahora soy consciente de ello y procuro reservar mis fuerzas para las olas salientes.

También pienso a menudo en Mike y en la experiencia que vivió en la playa de Costa Rica.

Vistos desde una perspectiva mucho más amplia, nuestras tensiones y preocupaciones diarias, nuestros éxitos o nuestros fracasos, tienen bien poca importancia. Y sin embargo, a pesar de la aparente insignificancia de nuestra existencia, debemos darle un sentido.

Si hay algo de lo que me arrepiento respecto a los cambios que he hecho en mi vida, es solo no haberlos hecho antes. Supongo que sencillamente no estaba preparado, hasta que llegué aquella noche al café.

Ahora, después de haber reflexionado sobre por qué estoy aquí, de haber averiguado la respuesta y de vivir según esa respuesta, nunca volvería a una vida al otro lado de la puerta.

SOBRE EL AUTOR

A los 33 años, tras una vivencia reveladora, John sintió la inspiración de relatar la historia de *Un café en el fin del mundo*.

Un año después de su lanzamiento, el boca a oreja de los lectores había conseguido que el libro llegara a todos los lugares del mundo, inspirando a personas de todos los continentes, incluida la Antártida. Se convirtió cinco veces en el libro más vendido del año y ha sido traducido a cuarenta y un idiomas.

John ha sido reconocido, junto a celebridades de renombre internacional como Oprah Winfrey, Tony Robins y Deepak Chopra, como uno de los pensadores más inspiradores en el campo del liderazgo y el desarrollo personal, algo que continua sorprendiéndole y halagándole.

Cuando no está escribiendo o dando conferencias, John disfruta viajando con su familia. Su trayecto más largo consistió en una aventura con mochila a la espalda en la que recorrió todo el mundo, más de cien mil kilómetros (casi tres veces la circunferencia de la Tierra). También ha pasado largas temporadas en África, la cuenca del Amazonas, la península de Yucatán, América Central y China.

Si desea contactar con John, por favor, visite: www.johnstrelecky.com

También puede hacerlo a través de las redes sociales: @JohnStrelecky

Esta segunda edición de *Un café en el fin del mundo* de John P. Strelecky, se terminó de imprimir en Grafica Veneta S.p.A. di Trebaseleghe (PD) de Italia en enero de 2023. Para la composición del texto se ha utilizado la tipografía Janson Text.

PEFC
PEFC/18-31-226

Este libro está impreso con el sol. La energía que ha hecho posible su impresión procede exclusivamente de paneles solares. Grafica Veneta es la primera imprenta en el mundo que no utiliza carbón.

GRAFICA VENETA